특별예배와 찬양예배 대표기도문 108편

특별예배와 찬양예배 대표기도문 108편

초판 1쇄 발행 | 2016. 3. 10
초판 1쇄 발행 | 2016. 3. 10
지은이 | 크리스천리더 출판기획팀
펴낸 이 | 정신일
펴낸 곳 | 크리스천리더
편 집 | 이지선
교 정 | 성주희
일부 총판 | 생명의 말씀사 (02) 3159-7979
등 록 | 제 2-2727호(1999. 9.30)
주 소 | 부천시 원미구 중동 1093번지 팰리스 카운티 이마트상가 2층
전 화 | (032) 342-1979
팩 스 | (032) 343-3567
도서 출간 상담 | E-mail:chmbit@hanmail.net
Homepage | cjesus.co.kr/juwana.co.kr

ISBN : 978-89-6594-179-8 03230

정가 : 6,800원

저자와의 협약 아래 인지는 생략되었습니다.
이 출판물은 저작권법에 의해 보호받는 창작물이므로, 무단 복제와 무단전재를 할 수 없습니다.

■ 잘못된 책은 구입하신 곳에서 바꿔드립니다.

평신도를 위한 은혜로운 특별예배와 찬양예배 대표기도문 108편 수록

특별예배와 찬양예배

대표기도문

108편

크리스천리더 출판기획팀

그러므로 내가 너희에게 말하노니 무엇이든지 기도하고 구하는 것은 받은 줄로 믿으라
그리하면 너희에게 그대로 되리라 (막 11:24)

CLS 크리스천리더

머리말

기도는 하나님께 드리는 간구의 메시지이다. 특별히 교회공동체 안에서 드려지는 대표기도는 교회를 더 든든히 세우고, 하나님의 비전을 이루는 가장 중요하고 강력한 영적 무기이다. 그래서 대표기도를 단순히 예배의 한 순서정도로만 생각한다면 안될 것이다.

특별히 대표기도자는 회중을 대표해 기도할 때, 꼭 두 가지를 기억하며 기도드리길 원하는데, 먼저 대표기도는 반드시 성령의 감동으로 온전히 드려야 한다는 점이다. 또한 대표기도 역시 반드시 응답받는 기도가 되어야 한다는 점이다.

응답받기 위해서 우리의 마음가짐은 참으로 중요하다. 예수님께서도 "너희가 내 안에 거하고 내 말이 너희 안에 거하면 무엇이든지 원하는 대로 구하라 그리하면 이루리라(요 15:7)"고 하셨듯이, 먼저 기도할 때 말씀대로 우리가 하나님께 거하고, 하나님의 말씀이 우리 안에 온전히 거할 때, 간구하는 기도는 반드시 응답을 주심을 믿고 말씀을 의지하여 기도해야 할 것이다.

대표기도자는 이런 거룩한 부담감을 안고 회중 앞에 서야 할 것이다. 또한 대표기도를 드릴 때 기도인도자와 회중은 함께 기도드리는 심정으로 하나가 되어야 한다. 대표기도자의 진심어린 기도가 온전히 하늘에 상달되도록 회중은 아멘으로 화답해야 할 것이다.

한국교회가 많이 어렵다고 한다. 예전같은 뜨거움이 없고 영성이 사라지고 있다고 걱정한다. 또한 이단들에 의해 끊임없이 도전받고 있다. 이런 시대를 헤쳐나갈 힘은 오직 기도밖에 없다. 그래서 지금은 더욱 간절하고 온전한 기도드려야 할 때라 생각한다. 어렵고 힘든 시기일수록 기도는 꽃을 피워야 한다.

교회가 다시금 성령의 불같은 역사하심으로 우뚝서기 위해서는 기도의 회복이 절대적이다.

이 책은 평신도 예배 대표기도 인도자를 위해 기획하였고 교회의 온전한 예배와 부흥을 간구하는 마음으로 기획하였다.

모쪼록, 이 기도문을 통해 교회가 부흥하고 회중이 감동하는 그런 기적의 역사가 일어나길 소망한다.

우리는 다음과 같은 사항을 고려해서 기도해야 한다.

1. 대표기도는 개인기도와는 다르다. 대표기도는 교회와 성도들을 대표해 간구하는 기도인만큼 일정한 형식이 갖춰져야 한다.

2. 대표기도는 하나님께 대한 감사와 찬양, 회개, 하나님 나라와 섬기는 교회의 비전과 구할 제목이 포함되어서야 한다.

3. 기도의 내용이 주관적으로 치우치지 않도록 유의해야 한다.

4. 기도 드릴 때 목소리는 모든 성도들이 다 들을 수 있는 적당한 음성을 고려하고, 혹여 기도 중에 사투리나 비어, 속어 등이 섞이지 않도록 한다.

5. 중언부언이나 요란한 수식어의 나열뿐인 기도가 되지 않도록 솔직하고 담백한 기도를 한다.

6. 예배에 참여한 성도들을 훈계하거나 감정을 상하게 하지 않으려고 최선을 다해야 한다.

크리스천리더 출판기획팀

목차

머리말 … 4

1. 교회 절기예배 대표기도문

1. 사순절 | 주님의 영예를 찬양하게 하옵소서 · 12
2. 종려주일 | 구원을 베푸시는 주님을 보게 하옵소서 · 14
3. 고난주간 | 갈보리 십자가를 바라보게 하옵소서 · 16
4. 부활절 | 다시 사신 주님을 찬송하게 하옵소서 · 18
5. 성령강림절 | 진리의 영으로 충만하게 하옵소서 · 20
6. 삼위일체주일 | 성삼위의 영광 아래로 이끌어 주옵소서 · 22
7. 맥추감사절 | 처음 익은 열매를 드리게 하옵소서 · 24
8. 추수감사절 | 추수하는 즐거움을 누리게 하옵소서 · 26
9. 대강절 | 우리를 구원할 메시아를 보게 하여 주옵소서 · 28
10. 성탄절 | 구주가 나셨음을 기뻐하게 하옵소서 · 30

2. 교회행사 예배 대표기도문

1. 신년주일 | 하나님의 인도하심을 바라보게 하옵소서 · 34
2. 교회창립일 | 천국의 문을 여는 교회되게 하옵소서 · 36
3. 세례의식 | 빛 가운데 행하도록 인도해 주옵소서 · 38
4. 성찬예식 | 주님의 죽으심을 기념하게 하옵소서 · 40
5. 어린이주일 | 하나님의 사랑으로 자라게 하옵소서 · 42
6. 어버이주일 | 부모에게 효도하도록 이끌어 주옵소서 · 44
7. 제직회 | 함께 수고하는 교회되게 하옵소서 · 46
8. 사경회(부흥회) | 하나님의 말씀을 잘 받게 하옵소서 · 48

9. 성경학교 | 신앙의 사람으로 자라게 하옵소서 · 50
10. 수련회 | 은혜 베풀 때에 받게 하옵소서 · 52
11. 전도주일 | 죄인이 회개하는 것을 보게 해 주옵소서 · 54
12. 세계선교주일 | 만민에게 복음을 전파하게 하옵소서 · 56
13. 사회봉사주일 | 봉사정신을 지니도록 하옵소서 · 58
14. 교육진흥주일 | 진리를 가르쳐 지키게 하옵소서 · 60
15. 성서주일 | 만백성들에게 성경을 전하게 해 주옵소서 · 62
16. 교회기관 총회 | 주님이 원하시는 일꾼이 되게 하옵소서 · 64
17. 교육기관 졸업예배 | 하나님의 사람으로 준비하게 하옵소서 · 66
18. 송년주일 | 하나님을 가까이 하게 하옵소서 · 68

3. 교회기관 헌신예배 대표기도문

1. 제직회 헌신예배 | 쓰임을 받는 종들 되게 하옵소서 · 72
2. 남전도회 헌신예배(20~30대) | 부름을 받은 지체들의 헌신을 받으옵소서 · 74
3. 남전도회 헌신예배(40~50대) | 교회를 든든히 하는 종들이 되게 하옵소서 · 76
4. 남전도회 헌신예배(60대 이후) | 남은 생애를 주님께 드리게 하옵소서 · 78
5. 여전도회 헌신예배(20~30대) | 교회에 수종을 드는 여인들이 되게 하옵소서 · 80
6. 여전도회 헌신예배(40~50대) | 지체들의 헌신으로 교회가 부흥되게 하옵소서 · 82
7. 여전도회 헌신예배(60대 이후) | 구별된 여종들이 헌신하게 하옵소서 · 84
8. 선교 헌신예배 | 복음의 전파를 위해 드리는 은혜를 주옵소서 · 86
9. 구제 헌신예배 | 어려운 이들을 돌아보게 하옵소서 · 88
10. 성가대 헌신예배 | 하늘에 영광을 선포하게 하옵소서 · 90
11. 구역장 헌신예배 | 선한 목자의 마음을 품게 하옵소서 · 92
12. 교사 헌신예배 | 온전히 드림의 충성을 각오하게 하옵소서 · 94
13. 유년주일학교 헌신예배 | 주님의 어린이로 자라게 하옵소서 · 96
14. 중·고등부 학생회 헌신예배 | 하나님께 드리는 삶이 되게 하옵소서 · 98
15. 대학생·청년회 헌신예배 | 새벽이슬같은 청년들을 받으옵소서 · 100

4. 심방예배 대표기도문

1. 일반 성도의 가정(장년) | 하나님 앞에서 거룩하고 흠이 없게 · 104
2. 새신자의 가정 | 악한 일에서 건져내시는 주 · 106
3. 임신 | 여호와의 권고로 얻은 선물 · 108
4. 출산 | 하나님으로부터 복 받은 아이 · 110
5. 고희 | 의인의 자손을 보는 즐거움 · 112
6. 결혼 | 인생에서 가장 복된 날 · 114
7. 이사 | 하나님의 사랑으로 마련한 집 · 116
8. 개업 | 처음 익은 열매로 여호와를 공경하라 · 118
9. 임종 | 성도가 사모하는 더 나은 본향 · 120
10. 입관 | 천사장의 소리와 하나님의 나팔 · 122
11. 발인 | 승리의 부활에 참여하는 영광 · 124
12. 하관 | 하나님께 영광, 유족들에게 소망 · 126
13. 갑자기 병에 걸린 경우 | 하나님이 하시는 일 · 128

5. 찬양, 주중예배 대표기도문

|1월|
1주 주님 앞에 우리의 다짐 · 132 | 2주 예수님을 따르는 삶 · 133
3주 주 안에서 승리 · 134 | 4주 눈물로 씨를 뿌리며 · 135

|2월|
1주 하나님의 은혜 · 136 | 2주 은혜를 누리며 사는 자 · 137
3주 사자굴에서도 지키시는 하나님 · 138 | 4주 말씀의 능력 · 139
5주 우리를 향하신 하나님의 뜻 · 140

|3월|

1주 넘치도록 부어주시는 복 · 141

2주 적을 무찔러 주시는 하나님 · 142

3주 생명의 복음 · 143 | 4주 큰 일을 이루시는 주 · 144

|4월|

1주 말씀으로 위로하시는 하나님 · 145 | 2주 온전한 믿음 · 146

3주 영원한 소망을 주신 예수님 · 147

4주 주의 말씀을 갈망하는 자 · 148

|5월|

1주 믿음의 승리 · 149 | 2주 하나님께 맡기고 의뢰하는 삶 · 150

3주 부모에게 순종하라 · 151 | 4주 마지막 때를 이기는 지혜 · 152

5주 값없이 부어주시는 은혜 · 153

|6월|

1주 축복하시는 하나님 · 154

2주 이 민족을 지키시고 보호하시는 하나님 · 155

3주 네 신을 벗으라 · 156 | 4주 우리에게 행하심을 알리라 · 157

|7월|

1주 창조의 하나님 · 158 | 2주 자원하여 드리는 예물 · 159

3주 여호와 이레 · 160 | 4주 진보의 기회 · 161

|8월|

1주 마른 뼈에 생기를 · 162 | 2주 주의 종으로서의 역할 · 163

3주 주의 얼굴을 구할 때 · 164 | 4주 서로 사랑하며 · 165

5주 무엇이든지 믿고 구한 것 · 166

| 9월 |

1주 하나님의 영광에 합당한 영광 · 167

2주 보혈의 피로 말미암아 · 168

3주 도우시는 여호와의 손 · 169

4주 마음다해 하나님을 의지하는 삶 · 170

| 10월 |

1주 선행을 즐겨하는 사람 · 171 | 2주 깨어지는 그릇 · 172

3주 주를 위하여 살고 주를 위하여 죽는 것 · 173

4주 온전하여지도록 애쓰며 · 174 | 5주 내게 있는 향유옥합 · 175

| 11월 |

1주 우리를 향한 그 큰 사랑 · 176 | 2주 감사의 제사드리며 · 177

3주 여호와의 행하심을 찬송하리 · 178

4주 기도에 힘쓰고 애쓰며 · 179

| 12월 |

1주 영원히 목마르지 않는 샘물 · 180 | 2주 영원한 삶 · 181

3주 왕으로 나신 이 · 182 | 4주 여호와께로 나아가라 · 183

1. 교회 절기예배
대표기도문

사순절

1. 주님의 영예를
　찬양하게 하옵소서

너희는 이르기를 우리의 구원의 하나님이여 우리를 구원하여 만국 가운데서 건져 내시고 모으시사 우리로 주의 성호를 감사하며 주의 영예를 찬양하게 하소서 할찌어다(대상 16:35).

하나님께 영광 | 전능하신 여호와여. 사순절을 맞이하여 하나님의 위대하심에 영광을 드립니다. 주님의 십자가로 저희들의 구원을 이루신 은혜의 하나님께 영광을 드립니다. 이 시간에 십자가에서 이루어진 구속의 은혜를 감사하면서 예배하는 저희들이 되게 하옵소서.

회개-자복 | 하나님 아버지, 이 시간에 저희들의 죄를 고백합니다. 하나님을 영화롭게 해드리기 보다, 저희들 자신의 영광을 위해서 살아왔던 죄를 용서하옵소서. 삶의 모든 자리에서 여호와의 주님되심을 인정해드리지 못했던 죄를 용서하옵소서.

간구 | 십자가의 하나님, 죄인들의 구원을 위해서 주님께서 고난을 당하셨음을 묵상하는 저희들에게 감사의 노래를 부르게 하옵소서. 우리를 위한 십자가였음에 감사의 찬양을 드리는 저희들이 되기 원

합니다. 주님을 향한 감사가 세상을 살아가도록 하는 동기가 되게 하옵소서. 간절히 바라옵기는 사순절의 신앙을 통해서 교회의 성도들에게 감사할 줄 아는 마음을 지니도록 하옵소서. 그리하여 삶의 모든 상황 속에서 감사하며 살게 하옵소서.

예배의 순서 | 하늘의 하나님, ○○ 교회의 성도들이 한 마음으로 머리를 숙인 이 시간이 하나님께 영광이 되기를 소망합니다. 시작된 예배가 하나님의 영광 속에 진행되게 하옵소서. 사순절의 주님을 묵상하는 말씀을 대언하실 목사님께서 단에 오르셨으니 생명과 진리의 말씀을 선포하게 하옵소서. 이 예배를 아름답게 하는 ○○ 성가대의 귀한 찬양을 받아주옵소서. 이들의 찬양을 통해서 하나님께는 영광이 드려지고, 회중들은 힘을 얻기를 원합니다. 지금, 저희들이 예배하는 동안에 예배당의 안팎에서 봉사하는 종들이 있음에 감사드립니다. 귀한 지체들의 섬김으로 예배를 아름답게 하시니 종들이 은총을 입게 하옵소서.

교회를 위한 도고 | 거룩하신 하나님, ○○ 교회를 지켜 주심에 감사드립니다. 오늘도 하나님의 뜻을 이루어 드리고, 구원의 방주 역할을 다하게 하옵소서. 세상을 위하여 자신의 몸을 내어주셨던 주님과 같이 사순절을 보내면서 하나님의 뜻을 이루어 드리기 위해 세상을 섬기는 교회가 되기를 소망하면서 이 모든 간구를 예수님의 이름으로 기도드립니다. 아멘.

종려주일

2. 구원을 베푸시는 주님을 보게 하옵소서

시온의 딸아 크게 기뻐할찌어다. 예루살렘의 딸아 즐거이 부를찌어다 보라 네 왕이 네게 임하리니 그는 공의로우며 구원을 베풀며 겸손하여서 나귀를 타나니 나귀의 작은 것 곧 나귀새끼니라(슥 9:9).

감사의 고백 | 복을 주시는 하나님, 주님께서 고난을 통해 구원을 베풀어 주신 은혜를 즐거워합니다. 구속의 인자하심이 영원하신 하나님께 감사로 예배하는 시간이 되게 하옵소서. 저희들을 흑암의 권세로부터 구원해 주신 여호와의 강한 손과 펴신 팔에 감사하는 주님의 백성들이 되게 하옵소서.

회개-자복 | 불쌍히 여기시는 하나님, 예수님을 사랑하지 못했던 저희들의 비겁함을 용서해 주옵소서. 주님보다는 세상이 두려워서 믿음으로 행하지 못했던 행실을 자복합니다. 이 시간에 하나님의 은혜와 자비하심으로 용서함을 받게 하옵소서.

간구 | 은혜로우신 하나님, 주님의 고난으로 말미암아 저희들에게 누리게 하신 은혜를 즐거워합니다. 십자가의 구속을 찬송하는 ○○교회의 성도들에게 은혜의 물결이 넘치기를 소망하오니 주님을 즐

거워하는 예배가 되게 하옵소서. 예루살렘으로 들어오실 때, 나귀를 타셨던 예수님을 기억합니다. 주님은 평화의 왕이셨기에, 나귀를 타신 예수님을 알게 하옵소서. 세상에 평안을 주시려고 오신 만왕의 왕을 찬송하는 예배를 드리게 하옵소서. 이 시간에 머리를 숙인 ○○ 교회의 성도들에게 십자가에서 이루어진 평화를 누리게 하옵소서.

예배의 순서 | 영화로우신 하나님, 온 성도들이 하늘을 우러러보며 여호와의 이름에 경배합니다. 목사님을 세우셔서 하나님의 말씀을 듣게 하심에 감사드립니다. 그 말씀으로 구원을 베푸시는 주님을 보게 하옵소서. 저희 교회를 영화롭게 하셔서 ○○ 성가대를 세워주시고, 오늘도 그들이 마음과 몸을 드려 찬양할 때, 하나님의 은혜를 체험하는 복된 자리로 인도해 주옵소서. 예배에 사탄이 역사하지 않게 하시고, 하나님의 영광을 훼방하는 세력들은 물리쳐 주옵소서. 많은 이들 가운데 예배를 위한 봉사자들이 순종함으로 하나님께 영광을 드리고 있사오니 복된 봉사가 되게 하옵소서.

지역사회를 위한 도고 | 하나님, ○○ 교회가 속해 있는 지역사회를 위해서 간구합니다. ○○동이 복된 땅이 되게 하시고 하나님께서 구원하시기로 작정하신 이들이 저희 교회를 통해 천국의 문에 이르기를 소망합니다. 이 모든 간구를 예수님의 이름으로 기도드립니다. 아멘.

고난주간

3. 갈보리 십자가를
　　바라보게 하옵소서

이에 예수께서 가라사대 아버지여 저희를 사하여 주옵소서 자기의 하는 것을 알지 못함이니이다 하시더라 저희가 그의 옷을 나눠 제비 뽑을쌔(눅 23:34)

하나님께 영광 | 전능하신 여호와여, 주님께서 대속의 죽으심으로 구속을 이루신 은혜에 영광을 드립니다. 구원하심과 영광이 하나님께 있음을 고백합니다. 저희들을 성도로 살아가게 하는 힘과 사탄의 공격에 대한 피난처도 하나님께 있으니 우리를 도와주옵소서.

회개-자복 | 사유하시는 하나님, 골고다 언덕의 십자가를 묵상하지 않고 살아가는 죄를 회개합니다. 하나님을 잊고 살아왔던 저희의 죄를 용서해 주옵소서.

간구 | 겟세마네의 하나님, 주님께서 고난의 잔을 거절하지 않으시고 받으심으로 저희가 영생에 이르게 되었습니다. 이 시간 예배드릴 때, 갈보리 산의 십자가를 바라보게 하옵소서.
자기를 십자가에 못 박는 로마 군병들을 향하여 '저희를 사하여 주옵소서' 라고 간구하신 주님을 생각합니다. 주님의 간구는 저희들을 위한 것이셨음을 고백합니다. 저희들이 받아야 할 고난을 주님께서 대신 받으셨음을 묵상하면서 갈보리의 십자가를 바라보게 하여 주옵소서.

예배의 순서 | 하늘의 하나님, 원근각처에서 주어진 삶을 살던 성도들이 성회로 모였으니 하늘로부터 위로가 있기를 원합니다.
주님의 고난을 기억하며 오직 성령님의 충만하심으로 예배하는 성도들이기를 소망합니다. 하늘의 백성들에게 은혜를 주시려고 목사님을 세우셨음에 감사드립니다. 목사님의 입술을 성령님께서 주관하셔서 이 백성들이 말씀을 듣게 하옵소서.
○○ 성가대원들이 신령과 진정으로 하나님께 기쁨의 찬양을 드리기를 소망합니다. 또한 오늘도 믿음과 열심으로 봉사하는 일꾼들이 있습니다. 맡은 자리에서 예배의 진행을 돕는 손길들에게 은혜를 더하여 주옵소서.

사회봉사를 위한 도고 | 거룩하신 하나님, ○○ 교회가 세상을 섬기도록 하셨음에 감사드립니다. 어려움을 당하여 고통 속에 있는 이들을 돌아보게 하시고 좀 더 헌신하여 하나님의 사랑을 이들에게 나누어 주게 하옵소서. 이 모든 간구를 예수님의 이름으로 기도드립니다. 아멘.

부활절

4. 다신 사신 주님을 찬송하게 하옵소서

이날 곧 안식 후 첫날 저녁 때에 제자들이 유대인들을 두려워하여 모인 곳에 문들을 닫았더니 예수께서 오사 가운데 서서 가라사대 너희에게 평강이 있을지어다(요 20:19)

찬양-경배 | 신실하신 하나님, 부활절 아침에 주님께 찬양을 드리며 경배합니다. 저희들을 위하여 주께서 다시 살아나셨음을 감사하며, 죽음의 권세를 이기신 하나님의 영광을 찬양합니다. 이 시간, 오직 주님 한분만 높임을 받으소서.

회개-자복 | 용서하시는 하나님, 예수님의 부활을 찬양하며 지내지 못한 삶들을 돌아보며 회개합니다. 부활과 영생이 없는 것처럼 육신의 삶에만 집중하여 다시 사신 주님을 잊었음을 고백합니다. 죽은 행실을 회개하게 하시고, 하나님께 대한 신앙으로 새롭게 하옵소서.

간구 | 여호와 우리 주여, 예수님께서 죽음의 권세를 파하신 것을 기념하는 오늘, 승리와 평강을 주신 주님을 찬송합니다. 세상의 권세를 이기신 영광의 주를 찬미하는 저희들이 되게 하여 주옵소서. 부

활하셔서 평강의 주님으로 제자들을 찾으셨던 모습을 묵상합니다. 예수님의 다시 사심을 믿지 못하고, 두려움과 불안에 떨던 제자들의 모습이 아니라 믿음으로 바라보는 저희가 되게 하시고 저희도 주님의 못자국난 손과 발을 보며 승리의 찬가를 부르게 하소서.

예배의 순서 | 삼라만상을 다스리시는 하나님, 경배와 찬양을 여호와께 드립니다. 주님의 부활을 기뻐하는 이 시간, 주님을 만난 제자들처럼 주님을 만나게 하옵소서.
하나님의 종으로 구별되신 목사님을 세워주심에 감사드립니다. 종을 통해서 전해지는 말씀에 순종하게 하옵소서.
○○ 성가대원들이 성령님께 감동되어 드리는 찬양으로 온 교회에 영광이 넘치길 원합니다. 이 찬양이 좌절에 빠진 사람들에게 용기를 갖게 하시고, 연약한 사람들에게 치유의 은혜를 입게 하옵소서. 이 시간에 예배의 진행을 돕고, 성도들을 위하여 봉사하는 지체들의 헌신을 받으시고 사탄의 세력이 틈 타지 못하게 하옵소서.

전도를 위한 도고 | 하나님 아버지, 저희 교회가 영혼을 구원하는 일에 열심을 품게 하셨음에 감사드립니다. 불신자들을 불쌍히 여기는 마음을 주셨으니, 열심히 복음을 전하게 하옵소서. 한 영혼이라도 더 구원하는 교회가 되기를 원하면서 이 모든 간구를 예수님의 이름으로 기도드립니다. 아멘.

성령강림절

5. 진리의 영으로
   충만하게 하옵소서

저는 진리의 영이라 세상은 능히 저를 받지 못하나니 이는 저를 보지도 못하고 알지도 못함이라 그러나 너희는 저를 아나니 저는 너희와 함께 거하심이요 또 너희 속에 계시겠음이라(요 14:17)

송축 | 자비로우신 하나님, 약속하셨던 대로 저희들의 구원을 위해 성령님을 보내주심에 감사드리며 여호와의 이름을 높여드립니다. 성령님의 임재로 은혜의 바다로 나아가게 하셨으니, 아버지의 사랑에 젖게 하옵소서. 저희들을 부요하게 하시는 성령 하나님의 이름을 즐거워하고, 예배하게 하옵소서.

회개-자복 | 여호와 우리 주여, 성령님을 모셔 들이지 못하고, 세상적인 풍조에 마음을 두고 지냈음을 회개합니다. 성령님의 역사하심을 환영하고 성령님께서 저희를 사용하시기를 기대해야 하는데, 인간적인 욕망을 앞세웠던 죄를 자복합니다. 여호와의 긍휼하심으로 저희가 죄에서 떠나게 하옵소서.

간구 | 거룩하신 하나님, 근심과 슬픔과 두려움에 쌓여 있던 제자들에게 약속하셨던 그대로 오신 보혜사를 기뻐하게 하옵소서. 성령님

께서 영원토록 저희와 함께 계심을 믿을 때, 심령이 든든해짐을 고백합니다. 오늘 예배하는 저희들이 진리의 영으로 충만하기를 소망합니다. 성령님을 사모하고, 성령님의 인도를 받음에 목말라 하는 심령이 되게 하옵소서.

예배의 순서 | 하늘의 하나님, ○○ 교회의 성도들이 한 마음으로 머리를 숙인 이 시간, 하나님께 영광이 되기를 소망합니다. 저희들이 진리의 영으로 충만하기를 소망하면서 성령강림절의 예배를 드리는 회중에게 은혜를 내려 주옵소서. 이 교회를 위하여 주의 종을 보내셨으니 생명의 말씀을 듣게 하옵소서. ○○ 성가대원들이 아름다운 찬양으로 영광을 드릴 때, 온 성도들의 마음에 예배하려는 간절함이 더욱 넘쳐나게 하옵소서. 이 시간의 예배가 거룩하게 드려지고, 성도들이 신령과 진정으로 예배할 수 있도록 여러 모양으로 헌신하는 종들을 세우셨음에 감사드립니다.

직분자들을 위한 도고 | 여호와 우리 주여, ○○ 교회로 하여금 하나님께 영광을 돌리고 이 땅에서 사명을 잘 감당하도록 직분자들에게 기름 부으심을 감사합니다. 성령강림절을 맞이해서 저희들은 하늘의 신령한 은혜로 새로워지기를 소망합니다. 하나님 앞에 착한 일꾼들이 되어 교회를 위해서 충성하게 하시기를 원하오며 이 모든 간구를 예수님의 이름으로 기도드립니다. 아멘.

삼위일체주일

6. 성삼위의 영광 아래로 이끌어 주옵소서

저희를 주신 내 아버지는 만유보다 크시매 아무도 아버지 손에서 빼앗을 수 없느니라 나와 아버지는 하나이니라 하신대(요 10:29~30)

기쁨의 노래 | 즐거움의 하나님, 죄에서 구원받고 하나님의 도우심으로 살게 하셨음에 기뻐합니다. 삼위 하나님의 자비로우심으로 저희들이 여기까지 이르렀음에 감사드립니다. 저희들이 노래로써 베풀어 주신 은혜에 감사함으로 그 위대하심을 선포하게 하옵소서.

회개-자복 | 주 하나님, 여호와께서 저희들의 죄를 깨끗이 씻어주심을 믿습니다. 불의를 일삼으며 저지른 모든 죄를 용서하여 주심을 믿고 죄를 고백합니다. 말에나 행동에나 믿지 않은 자들처럼 행하고 지냈음을 용서하옵소서. 거룩한 자리에서 주홍같이 붉은 죄가 눈처럼 희게 씻어지는 은혜를 입게 하옵소서.

간구 | 유일하신 하나님, 삼위로 계시면서 오직 한 분이신 하나님께 찬송과 영광을 드립니다. 성삼위 하나님께서 저희들의 구원을 위해서 역사하시는 은혜에 감사드립니다. 어린아이와 젖먹이들의 입에서 나오는 찬미를 온전케 하심과 같이 저희들의 찬송으로 드려지는

예배를 온전하게 하옵소서. 이 시간에도 하나님의 삼위가 저희들의 온전함을 위하여 일하심을 기대합니다. 하나님의 거룩하심과 같이 거짓 없는 순결함으로 예배하도록 저희들의 심령을 다스려 주옵소서. 성도들이 한 마음으로 예배하게 하옵소서.

예배의 순서 | 크고 위대하신 하나님, 삼위일체주일에 성령님의 인도하심에 따라 예배하게 하시니 감사드리며 성삼위의 영광 아래로 이끌어 주시려고 목사님을 단에 세우셨음에 감사드립니다. 목사님의 입술을 성령님께서 주관하셔서 말씀을 듣는 중에 주의 백성들이 성령님께 자신을 내어드리는 결단을 하게 하옵소서.
○○ 성가대원들이 신령과 진정으로 온전한 찬양을 드리기를 소망합니다. 함께한 저희들도 화답하며 여호와의 임재를 바라보게 하옵시고 맡은 자리에서 예배의 진행을 돕는 손길들에게 은혜를 더하여 주옵소서.

노숙인들을 위한 도고 | 낮은 자의 하나님, 주변에 원하지 않게 어려운 일들을 만나 노숙인으로 지내는 이들을 불쌍히 여겨 주옵소서. 사업에 실패를 했거나 순간적인 잘못으로 생활의 터전을 잃은 이들을 도와주옵소서. 삼위일체 하나님의 살리시는 은혜로 다시 일어서게 하옵소서. 또한 질병으로 고통을 당하고 있는 이들에게는 치료하시는 하나님의 손길로 어루만져주시기 원하며 이 모든 간구를 예수님의 이름으로 기도드립니다. 아멘.

맥추감사절

7. 처음 익은 열매를 드리게 하옵소서

네 재물과 네 소산물의 처음 익은 열매로 여호와를 공경하라. 그리하면 네 창고가 가득히 차고 네 즙틀에 새 포도즙이 넘치리라(잠 3:9~10).

송축 | 자비로우신 하나님, 금년의 첫 소출을 거두어들이게 하신 여호와의 이름을 높여드립니다. 풍성한 수확으로 기쁨을 얻는 ○○ 교회의 성도들이 하나님의 손길을 송축하게 하옵소서. 맥추감사절에 머리를 숙인 성도들이 여호와께 마음을 드려 시와 찬미와 신령한 노래로 예배하게 하옵소서.

회개-자복 | 사유하시는 하나님, 하나님 앞에서 죄를 자복하고 그 뜻대로 행하도록 하는 은혜를 보기 원합니다. 맥추감사절을 지냄으로써 첫 수확에 대하여 감사해야 하지만 하나님께서 베풀어주심에 만족할 줄 모르고 불평을 해왔습니다. 용서하옵소서.

간구 | 거두게 하시는 하나님, 이 시간에 이르기까지 필요한 것을 모자람이 없이 공급해 주신 은혜에 감사드립니다. 머리를 숙인 ○○ 교회의 성도들마다 기쁨과 감사로 첫 소산물을 갖고 왔으니 받으옵소서. 예배를 드리며 감사의 제단을 쌓을 때 영광을 받으소서.

이 첫 소산물을 드리면서 과거에 저희들의 처지가 어떠하였음을 고백하며 감사하게 하옵소서. "나의 나 된 것은 하나님의 은혜라"는 고백으로 드리니 받으옵소서. 또한 저희들이 첫 소산물을 드릴 때, 저희에게 좋은 것으로 넘치게 채우실 하나님의 복된 약속을 기대하게 하옵소서.

예배의 순서 | 영화로우신 하나님, 온 성도가 하늘을 바라보며 여호와를 경배합니다. 이 교회를 위하여 주의 종을 보내셨으니, 이 시간에 진리와 은혜의 말씀을 듣게 하옵소서. 목사님께 성령님의 충만하심과 지식을 더하셔서 천국의 말씀을 선포하게 하옵소서. ○○ 성가대원들이 하나님을 찬양할 때, 이 예배당이 천상의 자리가 되기를 원합니다. 그 찬양으로 저희들에게는 예배하려는 마음이 더욱 간절해지게 하옵소서. 이 시간의 예배가 거룩하게 드려지도록 여러 모양으로 헌신하는 종들을 세우시니 감사드립니다. 저희들이 마음을 다하여 모든 순서에 임하게 하시고, 임마누엘의 은혜를 소망하게 하옵소서.

나라를 위한 도고 | 자기 백성을 돌아보시는 하나님, 지상에 있는 많은 나라들과 더불어 이 나라를 지켜 주옵소서. 하늘의 문을 여시고, 이 땅의 사람들에게 부하게 하시며, 강건하게 하시는 은혜를 내려 주옵소서. 맥추감사절의 풍성함을 소망하며 이 모든 간구를 예수님의 이름으로 기도드립니다. 아멘.

추수감사절

8. 추수하는 즐거움을 누리게 하옵소서

주께서 이 나라를 창성케 하시며 그 즐거움을 더하게 하셨으므로 추수하는 즐거움과 탈취물을 나누는 때의 즐거움 같이 그들이 주의 앞에서 즐거워하오니(사 9:3).

여호와의 이름 | 구원의 하나님, 영화로우신 그 이름을 영원히 찬송하기 위하여 머리를 숙였습니다. 추수의 기쁨에 감사하며 예배의 즐거움을 주셨으니, 그 이름을 찬송하는 성도들과 교회가 되게 하옵소서. 하나님 앞에 나아온 성도들마다 여호와의 이름에 영광을 드리고, 그 이름을 기뻐하게 하옵소서.

회개-자복 | 여호와 우리 주여, 저희들이 죄를 지었음을 고백합니다. 하나님의 영광보다 저희들의 즐거움과 만족에 마음을 두고 지내왔습니다. 영생을 가지지 못한 이들처럼 세상에서 남보다 더 재물을 취하고, 손해를 보지 않으려는 마음에 쫓겨 살았음을 회개합니다. 저희의 악함을 용서하옵소서.

간구 | 만물의 하나님, 여호와의 손이 주님의 백성들을 창성하게 하셨음에 감사드립니다. 저희들이 여호와로 인한 즐거움에 찬송을 부

를 때, 하늘에 가득하게 하옵시고 하나님의 도우심이 즐거움을 더하게 하셨으므로 추수하는 즐거움에 찬양으로 가득하게 하옵소서. 하나님께서 은혜는 밭고랑마다 비로 적셔지게 하셨고, 움을 트인 싹마다 크게 자라 알곡이 맺히게 하셨습니다. 적당한 햇빛과 바람은 나무의 가지마다 열매를 맺게 하셨습니다. 사람들이 추수의 즐거움을 누리게 하시니 감사드립니다.

예배의 순서 | 삼라만상을 다스리시는 하나님, 저희들이 예배하는 이 시간을 주님의 손에 드립니다. 목사님을 붙드셔서 ○○ 교회의 성도들에게 하나님의 말씀을 전하게 하옵소서. 오늘의 말씀이 저희들의 심령을 새롭게 하여 추수하는 즐거움을 누리는 삶을 결단하게 하옵소서. ○○ 성가대원들이 예배하는 회중을 대표하여 하나님의 영광을 찬양하게 하옵소서. 귀한 지체들이 몸을 드려 준비한 찬양을 통하여 이 자리를 하나님의 영광으로 가득하게 하옵소서. 저희들이 경건을 다해 예배하는 동안에 전심으로 섬기는 이들이 있음에 즐거워하며 그들을 축복합니다.

어려운 이들을 위한 도고 | 아버지 하나님, 빈궁함으로 말미암아 경제적으로 고통을 당하는 이들을 불쌍히 여겨주옵소서. 직장을 잃고 살아가는 것이 막막해진 이들에게는 소망을 갖게 하옵소서. 지금은 어려움에 처해 있으나 도우시는 하나님의 손길이 나타나기를 원하면서 이 모든 간구를 예수님의 이름으로 기도드립니다. 아멘.

대강절

9. 우리를 구원할 메시아를 보게 하여 주옵소서

이는 한 아기가 우리에게 났고 한 아들을 우리에게 주신바 되었는데 그 어깨에는 정사를 메었고 그 이름은 기묘자라, 모사라, 전능하신 하나님이라, 영존하시는 아버지라, 평강의 왕이라 할것임이라(사 9:6).

송축 | 자비로우신 하나님, 여호와의 이름을 높여드립니다. 죄인들의 구원을 위하여 메시아를 보내 주신 여호와의 이름을 송축합니다. 사람의 몸을 입으신 하나님의 아들이 오심으로 큰 빛을 보게 되었으니 이 시간에 하나님의 이름을 높이는 예배를 드리게 하옵소서.

회개-자복 | 미쁘신 하나님, 하늘 보좌를 버리시고 이 땅에 오신 예수님을 영접하지 않고, 저희들 자신의 생각에 치우쳐서 지낸 시간들을 회개합니다. 성탄절을 기다리며 마땅히 우리의 임금으로 오신 주님께 영광을 드려야 하지만 대강절마저도 우리의 날들로 지키려 했던 죄악을 회개하오니 깨끗이 씻어 주옵소서.

간구 | 대강절의 하나님, 흑암으로 가득 찬 이 세상에 생명을 구원할 빛으로 오신 예수님을 즐거워합니다. 죄인들을 위하여 평강의 왕으로 오셨던 아기 예수님을 기뻐하며 예배를 드리게 하옵소서. 죄

악과 전쟁과 사망의 땅에 평화를 가져오시는 왕으로 나신 아기 예수님을 경배하게 하옵소서. 주님의 오심으로 구원의 길이 열렸음을 기뻐합니다. 아기 예수님의 나심을 통하여 이 땅에 평강의 빛이 생겼습니다. 흑암에 행하던 백성이 큰 빛을 보고 사망의 그늘진 땅에 거하던 자에게 빛이 비추게 된 성탄절을 기다리면서 신령과 진정으로 예배하게 하옵소서.

예배의 순서 | 찬양을 받으실 하나님, 이 좋은 시간에 ○○ 교회의 성도들이 하나님을 경외하며 머리를 숙였습니다. 보혈의 피로 구속함을 입은 하나님의 자녀들에게 대강절의 은혜를 내려 주옵소서. 목사님께서 진리의 말씀으로 저희들을 인도하실 때, 영안이 열려 우리의 메시아를 보게 하옵소서.

이 시간에 ○○ 성가대의 찬송으로 하나님의 영광이 교회 안에 가득하게 하시고, 저희들은 그 은혜로 하나님께 더욱 가까이 나아가도록 하옵소서. 오늘도 하나님께서 받으실 만한 예배가 되기 위하여 예배위원들로 하여금 봉사하도록 하시니 감사드립니다.

공교육기관들을 위한 도고 | 여호와 하나님, 교육기관을 통하여 많은 인재들이 양성되게 하심을 즐거워합니다. 이들 교육기관에 하나님의 다스리심이 나타나기를 소망합니다. 가르치는 교사들에게 하나님의 주권의식을 느끼게 하시고, 하나님의 도시를 형성하는 비전을 품게 해주시기를 원하오며 이 모든 간구를 예수님의 이름으로 기도드립니다. 아멘.

성탄절

10. 구주가 나셨음을 기뻐하게 하옵소서

천사가 이르되 무서워 말라 보라 내가 온 백성에게 미칠 큰 기쁨의 좋은 소식을 너희에게 전하노라 오늘날 다윗의 동네에 너희를 위하여 구주가 나셨으니 곧 그리스도 주시니라(눅 2:10~11).

찬양-경배 | 신실하신 하나님. 거룩한 성탄절 아침에 찬양을 드리며 경배합니다. 하나님의 아들이 저희에게 오셨음을 감사하며 하늘의 하나님께 영광을 드리는 시간이 되게 하옵소서. 하나님이 사람의 모습을 갖고 이 땅에 오신 기쁨을 서로 나누면서 예배로 영광을 드리게 하옵소서.

회개-자복 | 주 여호와여, 이 시간에 저희들을 긍휼히 여겨 주옵소서. 아기 예수님께서 오신 평화의 밤에 천군과 천사들처럼 기뻐 찬송하지 못한 죄를 회개합니다. 이 세상의 일들에 마음을 빼앗기고, 성탄절 예배를 드리는 저희들을 용서하옵소서.

간구 | 하늘의 하나님, 아기 예수님의 나심을 기뻐하며 경배합니다. 하나님의 아들이 죄인들의 구원을 위하여 찾아오신 날은 참으로 기쁜 날입니다. 좋은 날에 성도들이 모두 함께 찬양과 경배를 드립니

다. 하나님의 아들이 저희들에게 오심으로 구원의 길이 열렸음에 즐거워합니다. 하늘에서 이루어졌던 하나님의 뜻이 이 땅에서 이루어졌으니 저희들이 드리는 영광을 받으옵소서. 예수님의 세상에 오셨음을 기뻐하며 예배하는 이 교회에 하나님의 은혜가 강물처럼 흐르게 하옵소서.

예배의 순서 | 영원하신 하나님, 성탄절에 주님의 백성들을 거룩하게 하시고, 마음을 다 바쳐 예배하도록 하심에 감사드립니다. 하나님의 거룩한 말씀을 대언하실 목사님을 단에 세우셨음에 감사드립니다. 목사님의 입술을 성령님께서 주관하셔서 저희들이 성탄의 기쁜 소식을 듣게 하옵소서. ○○ 성가대원들이 신령과 진정으로 최상의 영광을 드리기를 소망합니다. 함께한 저희들도 화답하며 여호와의 임재를 바라보게 하옵소서. 맡은 자리에서 예배의 진행을 돕는 손길들에게 은혜를 더하여 주옵시고 성삼위 하나님만이 영광을 받으옵소서.

시설에 있는 어린이를 위한 도고 | 성탄절의 하나님, 성탄의 기쁜 소식이 복지시설에서 자라는 아이들의 마음에 전해지기를 소망합니다. 가정의 형편이 어렵거나 부모가 없어 복지시설에서 살아가는 어린이들이 여호와의 긍휼하심을 보게 하옵소서. 성탄절이 위로가 되게 하시고, 소망이 되시는 예수님을 사랑하면서 자라게 해주시기를 원하오며 이 모든 간구를 예수님의 이름으로 기도드립니다. 아멘.

2. 교회행사 예배
대표기도문

신년주일

1. 하나님의 인도하심을 바라보게 하옵소서

내 발이 그의 걸음을 바로 따랐으며 내가 그의 길을 지켜 치우치지 아니하였고 내가 그의 입술의 명령을 어기지 아니하고 일정한 음식보다 그 입의 말씀을 귀히 여겼구나(욥 23:11~12)

여호와를 바람 | 살아계신 하나님, 소망을 주시는 손길을 바라봅니다. 새해를 시작하면서 저희들을 인도하실 하나님을 바라보게 하옵소서. 저희들 각 사람에게 계획하셨던 여호와의 뜻대로 살아가는 한 해가 되게 하옵소서.

회개-자복 | 주 여호와여, 새 생명이 충만함에 이를 준비가 안 된 저희들을 용서하옵소서. 새해의 첫 주일, 하나님을 영화롭게 해드릴 만큼 심령을 깨끗케 하지 못하고 머리를 숙였음을 회개합니다. 여호와의 성결로 심령을 새롭게 하시고, 이 땅을 새롭게 하시는 하나님의 일하심에 동참하게 하옵소서.

간구 | 자비로우신 하나님, 새해를 맞게 하시고 첫 예배를 드리는 영광을 주셨음에 감사드립니다. 인생을 도우시는 하나님을 의지함으로 살아가는 새해가 되게 하옵소서. 소망을 여호와께 두게 하옵소

서. 여호와께서는 가난한 자를 도우시고, 궁핍한 자를 긍휼히 여기시니 이 백성들이 하늘을 바라보며 살아가기 원합니다. 인생의 길은 오직 하나님만 아시오니 여호와께 마음을 두고 살게 하옵소서. 올 한 해를 살아갈 때, 하나님의 인도하심을 기대하게 하옵시고 저희들의 삶을 온전히 맡기게 하옵소서. 금년에도 하나님의 일들이 이루어지기를 소망합니다.

예배의 순서 | 찬양 받으실 하나님, 이 시간 ○○ 교회의 성도들이 하나님의 영광만을 나타내려 머리를 숙였습니다. 신년주일에 하나님의 인도하심을 바라는 믿음으로 영광을 드리게 하옵소서. 주님의 귀한 교회를 위해서 세우신 목사님께 신령한 은혜를 더하셔서 생명의 말씀으로 저희를 새롭게 하옵소서. 여호와의 영광이 교회에 선포되도록 성가대를 세워주셨습니다. ○○ 성가대원들이 하나님을 예배하는 저희들을 대신하여 찬양하는 역할을 귀하게 감당하게 하옵소서. 또한 이 시간에 예배를 위하여 맡은 직분의 자리에서 성실히 봉사하는 지체들을 기억해 주옵소서.

목회자를 위한 도고 | 주 여호와여, 담임 목사님과 여러 교역자들을 부르셨으니, 그들에게 기름부으심이 있기를 원합니다. 저희들을 금년 한 해 동안에 인도하시기에 조금도 부족함이 없게 하옵소서. 저희들을 천국의 일꾼이 되어 살도록 이끄시는 종이 되기를 원하오며 모든 간구를 예수님의 이름으로 기도드립니다. 아멘.

교회창립일

2. 천국의 문을 여는 교회되게 하옵소서

내가 천국 열쇠를 네게 주리니 네가 땅에서 무엇이든지 매면 하늘에서도 매일 것이요 네가 땅에서 무엇이든지 풀면 하늘에서도 풀리리라 하시고(마 16:19).

여호와의 이름 | 구원의 하나님, 영화로우신 그 이름을 찬송하기 위하여 머리를 숙였습니다. 하나님의 섭리에 따라 ○○ 교회를 세우시고, 이날에 이르기까지 지켜주신 여호와의 이름을 높여드립니다.

회개-자복 | 미쁘신 하나님, 주님의 교회를 통하여 영광을 드려야 하는 저희들이 헌신하는데 부족하였음을 용서하옵소서. 교회가 이 지역사회에서 하나님께 영광을 드리기에 힘써야 했음에도 저희들이 헌신하기에 부족하여 영광을 드리지 못하고 있음을 회개합니다. 저희들의 악함을 자복하오니 용서하옵소서.

간구 | 교회의 하나님, ○○ 교회가 이 땅에 세워진 지 ○년 동안 믿음의 반석 위에서 성장해왔음에 감사드립니다. 저희들이 예수님을 그리스도로 믿어 천국 열쇠를 받았으니 세상을 향해서 천국의 문을 열게 하옵소서. 불신자들에게 복음을 전해 천국의 문을 여는 교회가 되게 하옵소서. 죄로 인하여 무거운 짐을 지고 가는 이들이 이

교회로 말미암아 천국으로 들어가는 은혜를 주옵소서. 여호와의 구원의 은혜로 이미 천국을 가진 저희에게 하나님께서 구원하시기로 작정하신 이들을 보게 하옵시며 주님께서 오실 날이 가까워졌으니 더 많은 이들에게 천국의 문을 열게 하옵소서.

예배의 순서 | 만물의 주인이신 하나님, 주님을 영화롭게 해드리는 예배가 되도록 권능을 나타내시옵소서. 저희들을 부르셔서 교회창립을 기념하는 날에 영광을 드리게 하심을 즐거워하며 목사님을 세우셔서 하늘 양식의 말씀을 전하게 하심을 감사드립니다. 그 말씀으로 천국의 문을 여는 교회가 되도록 저희들이 헌신하게 하옵소서. 저희 교회를 영화롭게 하셔서 ○○ 성가대를 세워주시고, 오늘도 그들이 마음과 몸을 드려 찬양할 때, 하나님의 은혜를 체험하는 복된 자리로 인도해 주옵소서. 예배시간 가운데 사탄이 역사하지 않게 하시고, 하나님의 영광을 훼방하는 세력들은 물리쳐 주옵소서. 많은 이들 가운데 예배를 위한 봉사자들이 순종함으로 하나님께 영광을 드리고 있으니 복된 봉사가 되게 하옵소서.

역임 목회자들을 위한 도고 | 만물을 다스리시는 하나님, 여호와의 거룩한 땅에 ○○ 교회를 세우시고, 뭇 영혼들을 구해내는 일에 많은 종들이 섬겼습니다. 여호와의 섭리에 따라 이 교회에서 양떼를 인도한 교역자들에게 상급을 주옵소서. 척박한 땅에서 애쓴 이들이 복을 누리기를 원하오며 예수님의 이름으로 기도드립니다. 아멘.

세례예식

3. 빛 가운데 행하도록 인도해 주옵소서

저가 빛 가운데 계신 것 같이 우리도 빛 가운데 행하면 우리가 서로 사귐이 있고 그 아들 예수의 피가 우리를 모든 죄에서 깨끗하게 하실 것이요(요일 1:7).

마음을 바침 | 영광의 하나님, 예수님을 구주로 믿게 하시고, 많은 증인된 성도들 앞에서 세례를 받게 하시니 참으로 감사드립니다. 오늘 거룩한 예식에 참여하는 이들이 물로 세례를 받는 동안에 성령님으로 충만하기를 소망합니다. 저들이 세례예식을 통해서 옛 사람은 죽고, 새 사람 되어 하나님께 마음을 드리게 하옵소서.

다짐 | 자비로우신 하나님, 오늘 세례를 받는 이들을 축복하는 저희들 또한 새롭게 되기를 원합니다. 주님께서 다시 오시는 그날까지 교회 안에서 격려하고, 기도로 도우면서 하나님의 사람으로 든든히 세워져 가는 것을 보게 하옵소서. 저희들이 세례를 받는 이들의 증인이 되었으니 연약한 지체들을 섬기며 지내게 하옵소서.

간구 | 예식의 주인이신 하나님, 주님이 교회를 통하여 귀한 예식이 진행되게 하심에 감사드립니다. 복음을 듣고, 예수님을 믿어 하나님의 자녀로 살기로 다짐하고 세례를 받습니다. 이들의 머리 위에

거룩한 물이 떨어질 때, 성령의 빛으로 인도받기를 소원하오니 하늘의 영광을 보게 하옵소서. 오늘 세례를 받는 형제와 자매들은 교회의 지체가 되었습니다. 이제, 이들은 하나님 앞에서 왕 같은 제사장이 되었고, 거룩한 교회의 일원이 되었습니다. 바라옵건대 이들이 저희들이 누렸던 은혜 그대로 하나님 앞에서 자라가고 예수님의 사랑 안에 거하며, 교회를 섬기게 하옵소서.

예배의 순서 | 아버지 하나님, 세례예식에 참여하여 빛 가운데로 행하도록 이끌어 주시는 하나님을 소망합니다. 교회를 위하여 주의 종을 보내셨으니, 진리의 말씀을 듣게 하옵소서. ○○ 성가대원들이 하나님을 찬양할 때, 이 교회 안에 하나님의 영광이 가득하기를 원합니다. 그 찬양으로 저희들에게는 예배하는 마음이 더욱 간절해지게 하옵소서. 이 시간의 예배가 거룩하게 드려지도록 여러 모양으로 헌신하는 종들을 세우셨음에 감사드립니다. 저희 모두가 마음을 다하여 예배에 임하게 하시고, 임마누엘의 은혜를 소망하게 하옵소서.

전도대상자들을 위한 도고 | 주 여호와여, 저희 ○○ 교회에 새 생명을 향한 비전을 품게 하셔서 감사드립니다. 온 성도가 하나님께로 돌아와야 할 영혼들을 품고 기도하게 하옵소서. 기다리시는 주님의 심정을 품게 하시고 전도하기로 작정한 영혼을 바라보게 해 주실줄 믿사오며 모든 간구를 예수님의 이름으로 기도드립니다. 아멘.

성찬예식

4. 주님의 죽으심을 기념하게 하옵소서

너희가 이 떡을 먹으며 이 잔을 마실 때마다 주의 죽으심을 오실 때까지 전하는 것이니라 그러므로 누구든지 주의 떡이나 잔을 합당치 않게 먹고 마시는 자는 주의 몸과 피를 범하는 죄가 있느니라(고전 11:26~27).

찬양-경배 | 신실하신 하나님, 성찬식 예배에 찬양을 드리며 경배합니다. 이 시간에 예수님께서 언약하신 말씀을 지키기 위해 모이게 하시니 또한 감사드립니다. 저희는 주님의 살과 피를 기념하고, 하늘에서는 하나님만 영광 받으시는 예배가 되게 하옵소서.

회개-자복 | 미쁘신 하나님, 주님의 살과 피를 대할 때, 주께 범죄한 일들을 회개합니다. 주님을 사랑한다고 하면서도 주님의 인도하심을 배척하였고, 하나님을 의지한다 하면서도 하나님을 기다리지 않은 교만으로 주의 목전에 악을 행하였사오니 용서하옵소서.

간구 | 하늘의 하나님, 주님의 자녀들을 천국의 식탁으로 불러 주시니 감사드립니다. 주님의 몸으로 차려주신 식탁에서 영원의 잔치를 즐기게 하옵소서. 유월절의 만찬에서 떡과 잔을 나누시며 이를 행하라 하신 하나님의 명령을 행하기 원합니다. 이에, 오늘 저희들은

주님의 살과 피를 나누면서 주님의 몸을 이루려 합니다.
이 거룩한 예식으로 말미암아 예수는 그리스도이심을 기리게 하옵시고 이 예식으로 주님의 말씀과 주님의 사역, 주님의 죽음과 주님의 부활을 항상 기억하고 기념하게 하옵소서. 떡을 먹고, 포도주를 마심으로써 저희들을 위하여 내어주신 주님의 몸을 누리기 원합니다.

예배의 순서 | 하늘의 하나님, ○○ 교회의 성도들이 하나님께 영광을 올려드립니다. 주님의 몸에 참여하는 성찬예식을 기뻐할 때, 주님을 만난 거룩한 아침의 제자들처럼 은혜를 누리게 하옵소서. 하나님의 교회를 돌보도록 목사님을 세워주심에 감사드립니다. 저희가 목사님이 전하시는 말씀에 순종하게 하옵소서.
○○ 성가대원들이 성령님께 감동되어 드리는 찬양으로 온 교회에 영광이 넘치기를 원합니다. 이 찬양이 실망과 근심으로 좌절에 빠진 사람들에게는 용기를 갖게 하시고, 육신적으로 연약한 사람들에게는 치유의 은혜를 입게 하옵소서.

결단-성령님께 충만함 | 전능하신 하나님, 오늘 주님의 몸을 받은 저희들이 성령님께로 충만해지기를 소망합니다. 성찬의 떡과 포도주를 통해서 임마누엘을 경험하게 하옵소서. 성찬의 은혜로 성령님께 몸을 드려 인도하시는 대로 살게 하옵소서. 성령님의 은혜로 충만하기를 원하오며 이 모든 간구를 예수님의 이름으로 기도드립니다. 아멘.

어린이주일

5. 하나님의 사랑으로 자라게 하옵소서

사랑하는 아들 디모데에게 편지하노니 하나님 아버지와 그리스도 예수 우리 주께로부터 은혜와 긍휼과 평강이 네게 있을찌어다(딤후 1:2).

마음을 바침 | 전능하신 여호와여, 어린들을 보호해 주시는 크고 위대하심에 영광을 드립니다. 저희들에게 상급으로 어린이들을 주셨고, 기도와 사랑으로 키우게 하셨음을 또한 즐거워합니다. 어린이들을 보면서 하나님의 은혜와 자비하심을 배우게 하셨으니, 이제 더욱 저희들의 마음을 하늘에 두게 하옵소서.

회개-자복 | 여호와 하나님, 어린이를 볼 때, 저희들의 죄로 더러워진 마음을 봅니다. 여호와의 목소리를 청종치 아니하고 자신의 유익을 위하여 살아온 것을 용서하옵소서. 여호와의 법과 율례와 증거대로 행치 아니하였으니 회개합니다.

간구 | 어린이의 하나님, 그리스도의 이름으로 어린이를 영접하여 그들이 잘 자라도록 돕게 하시니 감사합니다. 가정이라는 울타리를 통해서 키가 자라고 지혜가 자라게 하시고, 교회에서는 하나님에 대하여 자라게 하시니 감사합니다.

바라기는 그들이 사랑을 받으며 자라게 하옵소서. 부모로부터, 형제들에게서, 친구들로부터 아낌없는 사랑을 받게 하옵소서. 사랑의 풍요로움 속에서 정서적으로 온전히 성장하게 하옵소서. 그리고 주님께서 우리를 사랑하시듯이 다른 사람들을 사랑하며 살기를 소망합니다. 그 사랑을 통해 하나님의 풍성하신 사랑을 깨닫고 하나님을 가까이 하는 삶을 살게 하옵소서.

예배의 순서 | 위대하신 하나님, 성령님의 인도하심에 따라 시작된 예배를 기뻐합니다. 목사님을 붙드셔서 ○○ 교회의 성도들에게 하나님의 말씀을 전하게 하옵소서. 오늘의 말씀이 저희들의 심령을 새롭게 하여 하나님의 사랑으로 아이들을 양육하게 하옵소서.
○○ 성가대원들이 예배하는 회중을 대표해서 하나님의 영광을 찬양하게 하옵소서. 귀한 지체들이 몸을 드려 준비한 찬양을 통해 이 자리가 하나님의 영광으로 가득하게 하옵소서. 저희들이 경건하게 예배하는 동안에 자원하여 섬기는 이들이 있음에 즐거워하며 그들을 축복합니다.

환자들을 위한 도고 | 치료의 하나님, 어린이로 말미암아 기쁨을 누리는 지금, 환자들을 위해서 간구합니다. 병들어 집이나 병원에서 홀로 있는 이들이 있으니 도와주옵소서. 회복하게 하시는 여호와의 만져주심으로 구원해 주옵소서. 병든 이들에게는 싸매어주시는 은혜로 병상에서 일어나게 해 주시기를 원하오며 이 모든 간구를 예수님의 이름으로 기도드립니다. 아멘.

어버이주일

6. 부모에게 효도하도록 이끌어 주옵소서

네 부모를 공경하라 그리하면 너의 하나님 나 여호와가 네게 준 땅에서 네 생명이 길리라(출 20:12).

감사의 고백 | 복을 주시는 하나님, 오늘도 베풀어 주신 은혜를 즐거워합니다. 하나님께서 노년의 부모님을 보호해 주셨으며, 그들에게 약속하신 은혜와 복을 자손들이 받아 누리게 하셨음에 감사드립니다.

회개-자복 | 인자하신 하나님, 부모에게 효도하기보다는 노년의 부모를 섬기는 것이 때때로 귀찮게 여겨지기도 했던 죄악을 고백합니다. 부모를 섬기고 돌보아드리는 것을 소중하게 여기지 않았던 죄악을 고백합니다. 부모에게 효도를 다함으로써 하늘의 아버지이신 하나님께로 이르게 하신 진리를 배우게 하시고, 부모님을 공경함으로써 약속된 은혜를 누리게 하옵소서.

간구 | 자비로우신 하나님, 어버이주일에 하늘 어버이이신 여호와께 감사하고, 부모를 주심에 찬미의 제사를 드리게 하옵소서. 하나님은 좋으신 아버지이심으로 우리를 지켜주시되, 육신의 부모에 의

해서 이만큼 살게 하셨습니다. 이 시간에 예배할 때, 부모에게 공경하기를 다짐하게 하옵소서.

지난 시간동안 하나님께 충성하지 못했음과 같이 부모에게도 효도를 다하지 못하고 이 주일을 맞이했습니다. 오늘 어버이를 주신 은혜에 감사하는 예배를 드릴 때, 사람의 마음이 아닌 성령님의 역사하심으로 부모를 공경하며 살게 하옵소서.

예배의 순서 | 위대하신 하나님, 성령님의 인도하심에 따라 시작된 예배를 기뻐합니다. 이 시간에 진행되는 순서에 따라 성도들이 어버이주일의 영광을 예배하게 하옵소서. 오늘도 단 위에 서신 목사님을 위하여 간구합니다. 귀한 종에게 말씀의 능력을 더하여 주옵소서. ○○ 성가대가 아름다운 찬양이 있는 예배로 하나님께 영광을 돌리게 되며 찬송의 능력을 체험하게 하옵소서. 하나님의 은혜로 살아오고 있음에 감사하며 예물을 준비했사오니 믿음으로 드리게 하옵소서. 이른 시간부터 나와서 예배를 돕는 지체들이 있습니다. 저들의 봉사를 받으시고 복을 내려 주옵소서.

가정을 위한 도고 | 만복의 하나님, 하나님께서 사랑하셔서 가정을 선물로 주셨으니 가정마다 하나님의 나라를 이루고, 불신 가정에서는 예수님을 구주로 영접하는 복된 역사가 이루어지기를 소망합니다. 가정에서 참 안식을 누리고 식구들이 화목하게 지내도록 해 주시기를 원하옵고 이 모든 간구를 예수님의 이름으로 기도드립니다. 아멘.

제직회

7. 함께 수고하는
교회되게 하옵소서

저희가 다 자기 일을 구하고 그리스도 예수의 일을 구하지 아니하되 디모데의 연단을 너희가 아나니 자식이 아비에게 함같이 나와 함께 복음을 위하여 수고하였느니라(빌 2:21~22).

하나님께 영광 | 전능하신 여호와여. 주님의 교회가 부흥의 은혜를 입게 하셨음에 영광을 드립니다. 이 교회를 위해서 제직들을 세우시고, 진리와 은혜가 충만하게 하셨으니 영광을 받으옵소서. 제직들이 감사하며 하나님의 영광을 위하여 헌신하는 종들이 되게 하옵소서.

회개-자복 | 미쁘신 하나님, 제직들이 온 성도들 앞에서 신앙과 행실에 모범이 되지 못하였음을 회개합니다. 매일의 생활에서 성령님께 민감하지 못하고, 타성적으로 지내왔음을 고백합니다. 저희 ○○ 교회가 하나님의 교회요, 세상 사람들에게 영광을 드러내는 공동체가 되는데 제직들의 헌신이 없었음을 용서하옵소서.

간구 | 교회의 하나님, 이 땅에 ○○ 교회를 세우시고 제직들의 봉사로 말미암아 지역사회에서 부흥할 수 있게 하심에 감사드립니다.

교회의 모든 제직들이 하나님 앞에서 일꾼으로 부름을 받은 소명감과 사명감으로 뜨겁게 하옵소서. ○○ 교회가 서로를 위해주는 공동체가 되게 하옵소서. 서로가 서로를 아껴주는 사랑이 넘쳤던 바울과 빌립보 교회처럼 서로가 서로를 위하여 사랑으로 종노릇하며, 위해 주고 함께 수고하는 교회가 되게 하옵소서. 제직들이 교회를 위해서 서로를 섬기며 수고하며, 복음을 위하여 뜻을 같이하는 마음을 품게 하옵소서.

예배의 순서 | 만물의 주인이신 하나님, 주님을 영화롭게 해드리는 제직회가 진행되도록 하옵소서. 한 공동체로 부름을 받은 저희가 한 목소리로 주어진 사명을 감당하는 신앙을 고백하게 하옵소서. 하나님의 나라를 바라보면서 모든 제직들이 수고하는 교회가 되기를 소망하게 하옵소서. 강단에서 생명과 진리로 이끄실 목사님께 하나님의 말씀으로 흥왕함을 보게 하옵소서. 이 교회를 위하여 ○○ 성가대원들을 준비시키셨음에 감사드립니다. 하나님 앞에서 찬송을 맡은 이들이 벅찬 감격으로 찬양을 부르게 하시고, 저희들은 예배하려는 마음이 더욱 간절해지게 하옵소서.

제직의 가정을 위한 도고 | 주 여호와여, 하나님의 교회를 위해 제직을 세우셨으니 그들이 성령과 지혜에 충만케 하옵소서. 그들의 가정에도 경건함과 두려움으로 하나님을 섬김이 있게 하소서. 온 식구들이 협력자가 되어 제직의 사명을 잘 감당하게 해 주시기를 원하면서 이 모든 간구를 예수님의 이름으로 기도드립니다. 아멘.

사경회(부흥회)

8. 하나님의 말씀을 잘 받게 하옵소서

내가 곧 당신에게 사람을 보내었더니 오셨으니 잘하였나이다 이제 우리는 주께서 당신에게 명하신 모든 것을 듣고자 하여 다 하나님 앞에 있나이다(행 10:33).

찬양-경배 | 신실하신 하나님, 사경회를 맞이하여 찬양을 드리며 경배합니다. 말씀의 풍성함을 통해서 은혜로 인도해 주심을 믿고 찬양과 경배를 드립니다. 이 시간 주님의 은혜를 사모하는 이들에게 생수가 넘치게 하시고, 베풀어지는 생명의 역사로 찬양을 드리게 하옵소서.

회개-자복 | 하나님 아버지, 이 시간에 주님을 섬기는 생활에 게을렀음을 회개합니다. 악인의 형통을 부러워하고, 여호와를 경외하기보다는 그들의 방식을 따르는 것에 마음을 빼앗기기도 했음을 고백합니다. 하나님께서 마음에 소원을 주셨음에도 감사하지 못하고, 기도하는데 게을렀음을 용서하옵소서.

간구 | 하늘의 하나님, 저희들을 새롭게 하시려고 성회를 열어 주셨으니, 마음의 문을 열고 은혜를 사모하게 하옵소서. 여호와의 음성을 들을 수 있도록 영적인 귀가 열려지게 하옵소서. 목사님의 입술

을 통해서 증거되는 여호와의 말씀이 저희들의 빈 심령을 뜨겁게 채우고, 성령님께서 충만히 거하시게 하옵소서. 하나님의 은혜에 민감하지 못하였던 냉랭한 심령이 말씀으로 뜨거워지고, 말씀의 운동력이 나타나 마른 뼈와 같았던 저희들을 생명의 사람으로 바꾸어 주시길 원합니다.

예배의 순서 | 영화로우신 하나님, 온 성도가 하늘을 바라보며 여호와의 이름을 경배합니다. 사경회를 맞이해서 오직 성령님의 충만하심으로 예배하는 성도들이기를 소망합니다. 이 좋은 시간에 주님의 백성들에게 은혜를 주시려고 목사님을 단에 세우셨음에 감사드립니다. 그의 입술은 성령님께서 주관하셔서 이 백성들이 말씀을 듣게 하옵소서. ○○ 성가대원들이 신령과 진정으로 최상의 찬양을 드리기를 소망합니다. 오늘도 자원하는 마음으로 사경회를 위하여 봉사하는 일꾼들이 있습니다. 맡은 자리에서 예배의 진행을 돕는 손길들에게 은혜를 더하여 주옵소서.

절망에 처해 있는 이들을 위한 도고 | 임마누엘의 하나님, 저희들이 신령한 은혜로 즐거워하는 이 시간에 절망에 처해 있는 이들에게 은혜를 내려 주옵소서. 하나님의 긍휼하심으로 고통에 있는 이들에게 소망을 주옵소서. 오직 하나님의 자비하심이 절망의 어둠을 몰아내시고, 위로와 기쁨이 되어주시기를 원하면서 이 모든 간구를 예수님의 이름으로 기도드립니다. 아멘.

성경학교

9. 신앙의 사람으로 자라게 하옵소서

네 자녀에게 부지런히 가르치며 집에 앉았을 때에든지 길에 행할 때에든지 누웠을 때에든지 일어날 때에든지 이 말씀을 강론할 것이며(신 6:7).

하나님께 영광 | 전능하신 여호와여, ○○ 성경학교를 맞이해서 하나님께 영광을 드립니다. 진리의 말씀으로 온전하게 해주시고, 그리스도의 장성한 분량에 이르는 은혜를 허락해 주옵소서.

회개-자복 | 구원의 하나님, 어린이들이 주님의 구원을 사모하도록 가르치는데 부족하였음을 회개합니다. 교사가 된 저희들이 주님의 구원을 사모하는데 무감각하여 어린이들도 주님의 구원하심에 민감하지 못하였습니다. 이 기회를 통해서 하나님의 말씀을 즐거워하고 구원의 은혜를 바라보게 하옵소서.

간구 | 여호와 우리 주여, 하나님의 말씀 학교에서 다음 세대들에게 하늘의 사랑을 가르치게 하옵소서. 저희가 주님께로부터 받은 사랑을 통해서 사랑을 가르치게 하옵소서. 그 사랑에서 아이들은 하나님을 배우게 되고, 예수님을 구주로 모시고 살줄로 믿습니다. 성경학교 기간 동안 하나님을 향한 믿음과 소망, 사랑을 배워 믿음의 사

람으로 자라게 하옵소서.

이 시간에 하나님을 사랑하며, 예배드리는 생활을 가르치기 원합니다. 부족하지만 마음과 뜻과 정성을 다해서 하나님을 사랑하는 본을 보이게 하옵소서. 아울러 저희에게 주신 믿음으로 믿음을 가르치는 성경학교가 되게 하옵소서.

예배의 순서 | 영원하신 하나님, 주님의 백성들을 거룩하게 하시고, 마음을 다 바쳐 예배하도록 하심에 감사드립니다. 저희들을 부르셔서 성경학교를 개교하면서 영광을 드리게 하심을 즐거워합니다. 목사님을 세우셔서 하늘 양식의 말씀을 전하게 하심을 감사드립니다. 그 말씀으로 어린이들이 신앙의 사람으로 자라기를 기도하게 하옵소서.

저희 교회를 영화롭게 하셔서 ○○ 성가대를 세워주시고, 오늘도 그들이 마음과 몸을 드려 찬양할 때, 하나님의 은혜를 체험하는 복된 자리로 인도해 주옵소서. 이 예배에 사탄이 역사하지 않게 하시고, 하나님께 영광을 드리게 하옵소서.

나라를 위한 도고 | 하나님 아버지, 어린 아이들이 믿음의 일꾼으로 잘 자랄 수 있도록 이 나라를 붙들어 주옵소서. 우리 나라를 지켜주시고 하나님 앞에서 복스러운 민족이 되게 하옵소서. 성경을 배울수록 어린 친구들이 나라를 위해 기도하게 하시고, 애국의 마음을 갖게 하옵소서. 하나님께 영광을 드리는 나라가 되기 원하면서 이 모든 간구를 예수님의 이름으로 기도드립니다. 아멘.

수련회

10. 은혜 베풀 때에 받게 하옵소서

가라사대 내가 은혜 베풀 때에 너를 듣고 구원의 날에 너를 도왔다 하셨으니 보라 지금은 은혜 받을만한 때요 보라 지금은 구원의 날이로다(고후 6:2).

찬양-경배 | 신실하신 하나님, ○○ 수련회의 거룩한 자리에서 찬양을 드리며 경배합니다. 저희 교회의 청소년들을 돌보아주셨던 그 은혜로 ○○ 수련회를 누리게 하셨습니다. 학생들이 준비된 프로그램에 잘 적응하여 여호와를 찬양하게 하옵소서.

회개-자복 | 긍휼의 하나님, 학생들과 함께 성령님의 충만함을 누리는 삶을 살기에 힘쓰지 못했음을 회개합니다. 하나님께 소망을 두는 삶에 본을 보이지 못했습니다. 이 시간에 먼저 저희 교사들에게 회개의 영을 부어 주셔서 은혜로 인도하옵소서.

간구 | 거룩하신 하나님, 저희 ○○ 교회의 ○○ 지체들에게 은혜를 받을 시간을 주셨음에 감사드립니다. 이 집회에 ○○들이 성령으로 충만하게 하옵소서. 은혜를 사모하며 열심으로 모이게 하옵소서. 사랑스러운 이들이 하나님을 만나기를 결단하고 무릎을 꿇었으니, 하늘의 문을 열어 주옵소서.
성회로 모인 시간마다 하나님께 부르짖어 기도하는 ○○ 지체들이 되게 하옵소서. 엘리사가 성령 충만을 사모하여 스승 엘리야에게 매달렸을 때 하나님께서는 갑절의 영감을 주셨던 것처럼, 우리가 은혜를 받게 되면 하늘의 신령한 복과 땅의 기름진 복을 받아 누리게 됨을 믿습니다.

예배의 순서 | 전능하신 하나님, 영광으로 임재하사 수련회를 시작하면서 드리는 예배를 영화롭게 하시기를 원합니다. 저희들에게 은혜를 받게 하시려고 목사님을 단에 세우셨음에 감사드립니다. 목사님의 입술을 성령님께서 주관하셔서 이 자리에 무릎을 꿇은 심령들마다 말씀을 듣게 하옵소서. 성령님의 날선 검의 말씀으로 죄악이 드러나게 하시고 회개하게 하옵소서.
○○ 성가대원들이 신령과 진정으로 최상의 영광을 드리기를 소망합니다. 저희들도 화답하며 여호와의 임재를 바라보게 하옵소서. 예배의 진행을 돕는 손길들에게 은혜를 더하여 주옵소서.

대적 | 이 시간에 주 예수님의 이름으로 혼란케 하는 영을 물리쳐 주옵소서. 하나님의 말씀에 집중하는 것을 방해하는 흑암의 세력을 예수님의 이름으로 도말하시옵소서. 주님, 능력이 많으신 주님의 이름으로 공중의 권세를 잡은 자들을 물리쳐 주시고, 오직 은혜를 사모하게 하시기를 원하면서 모든 간구를 예수님의 이름으로 기도드립니다. 아멘.

전도주일

11. 죄인이 회개하는 것을 보게 해주옵소서

내가 너희에게 이르노니 이와 같이 죄인 하나가 회개하면 하늘에서는 회개할 것 없는 의인 아흔 아홉을 인하여 기뻐하는 것보다 더하리라(눅 15:7).

여호와를 바람 | 살아계신 하나님, 절망에 빠졌던 인생들에게 소망을 주시는 손길을 바라봅니다. 뭇 사람들에게 복음이 전해질 때마다 영생에 이르게 하시는 하나님의 구원을 바라봅니다. 여호와의 열심을 소망하오니, 듣는 사람마다 주님을 그리스도로 믿게 하옵소서.

회개-자복 | 자비로우신 하나님, 전도주일을 맞아 영혼을 사랑하시는 하나님의 마음을 생각할 때, 우리의 모습을 보며 회개합니다. 저희들은 복음의 빚진 자가 되었음에도 불구하고, 이 빚을 갚으려 하지 않았음을 고백합니다. 전도는 마땅한 일임에도 그 동안 무관심했던 죄악을 회개합니다. 복음을 전하는 일에 헌신하게 하옵소서.

간구 | 선한 목자이신 하나님, 잃은 양을 찾은 목자의 기쁨을 교회를 통해 보여드리기 원합니다. 오늘 저희들이 거리로 나가 하나님께서 찾으시는 생명들을 만나게 하옵소서. 그 생명들로 말미암아 천

국 잔치를 열게 하옵소서. 전도하기를 쉬지 않는 ○○ 교회에 항상 기쁨이 넘치게 하옵소서.
저희들이 복음을 전하는 일에 게으르지 않고, 영혼을 사랑하는 교회가 되기를 소원합니다. 불신자들의 영혼이 영원히 버림받는 것을 보고만 있지 않게 하옵소서. 복음을 전하지 아니하면 내게 화가 있을 것임이라는 말씀을 가슴에 새기기를 소망합니다. 영혼을 사랑하여 복음을 들고 나가는 저희들이 되게 하옵소서.

예배의 순서 | 영원하신 하나님, 주님의 백성들을 거룩하게 하시고, 마음을 다 바쳐 예배하도록 하심에 감사드립니다. 성도들이 전도주일을 지키고 예배하러 모였으니 하늘로부터 위로가 있기 원합니다. 이 시간 오직 성령님의 중반하심으로 예배하는 성도들이 되기를 소망합니다. 말씀을 전하시는 목사님의 입술을 성령님께서 주관해 주시고, 주의 자녀들이 말씀을 듣게 하옵소서.
○○ 성가대원들이 신령과 진정으로 최상의 찬양을 드리기를 소망합니다. 맡은 자리에서 예배의 진행을 돕는 손길들에게 은혜를 더하여 주옵소서.

목회자를 위한 도고 | 거룩하신 하나님, 전도주일에 목회자들을 위하여 간구합니다. 죽어가는 이들을 살리는 일에 목회자들이 본을 보이게 하옵소서. 온 교회가 기쁨으로 헌신케 하시고 하나님 홀로 영광을 받으옵소서. 목회자들의 기도와 헌신으로 저희들이 생명의 꼴로 배부른 기쁨을 주시며 이 모든 간구를 예수님의 이름으로 기도드립니다. 아멘.

세계선교주일

12. 만민에게 복음을 전파하게 하옵소서

또 가라사대 너희는 온 천하에 다니며 만민에게 복음을 전파하라 믿고 세례를 받는 사람은 구원을 얻을 것이요 믿지 않는 사람은 정죄를 받으리라(막 16:15~16).

찬양-경배 | 신실하신 하나님, 세계선교주일을 맞이하여 찬양을 드리며 경배합니다. 한 사람에게라도 복음이 전해지기를 바라시는 하나님의 사랑이 뜨겁게 해주시기를 원하오니 자기 백성을 찾으시는 하나님을 찬양하게 하시며, 복음을 전하는 저희들이 되게 하옵소서.

회개-자복 | 대속하시는 하나님, 저희들이 전할 복음의 짐을 대신 짊어지고 집을 떠난 선교사들을 위해 기도하지 못했음을 고백합니다. 먼 땅에서 사역을 하는 선교사들의 비전과 그들의 건강을 위해 기도하지 못했음을 시인합니다. 저희를 대신해서 복음을 전하러 간 그들을 향해 늘 열린 마음으로 간구하게 하옵소서.

간구 | 전능하신 하나님, 저희 ○○ 교회에 선교의 비전을 주셨으니 헌신하게 해주시기를 간구합니다. 아직도 복음을 듣지 못한 미전도

종족들에게 복음을 전하기 위해 기도하게 하옵소서. 그들에게 복음을 전하고 있는 선교사들을 위하여 기도하게 하옵소서. 필요한 물질도 드리게 하옵소서. 주님께서 분부하신 땅끝까지 만민에게 복음을 전파하라는 지상명령에 순종하는 저희들이 되기 원합니다. 아직도 복음을 받아들이지 않는 이웃에게 복음을 전하는 교회가 되게 하옵소서. 저희들의 선교 열정으로 인하여 이 지구상에 성령님의 역사가 넘치기를 소원합니다.

예배의 순서 | 영광의 하나님, 신령과 진정으로 시작된 예배에 성령님의 역사하심이 나타나기를 소망합니다. 만민에게 복음을 전파하는 ○○ 교회가 되기를 소망하며 세계선교주일의 예배를 드리는 회중에게 은혜를 내려 주옵소서. 이 교회를 위하여 주의 종을 보내셨으니, 진리와 생명의 말씀을 듣게 하옵소서. ○○ 성가대원들이 아름다운 찬양으로 영광을 드릴 때, 온 성도들에게는 예배하려는 마음이 더욱 간절해지게 하옵소서. 이 시간의 예배가 거룩하게 드려지고, 성도들이 신령과 진정으로 예배할 수 있도록 여러 모양으로 헌신하는 종들을 세우셨음에 감사드립니다.

선교사를 위한 도고 | 여호와 하나님, 주님의 몸 된 나라를 위하여 세계 여러 곳에 선교사들을 보내셨음에 감사드립니다. 그들이 하나님의 보내심으로 파송되었으니 하나님의 마음을 품고 사역에 임하게 하옵소서. 기도와 말씀 속에서 은혜가 풍성하게 하시고, 주님께 집중될 수 있기를 원하면서 이 모든 간구를 예수님의 이름으로 기도드립니다. 아멘.

사회봉사주일

13. 봉사 정신을 지니도록 하옵소서

각각 자기 일을 돌아볼 뿐더러 또한 각각 다른 사람들의 일을 돌아보아 나의 기쁨을 충만케 하라(빌 2:4).

하나님께 영광 | 전능하신 여호와여, 영광이 하나님께 있음을 고백합니다. 그 영광으로 저희들을 지키시고, 오늘 사회봉사주일의 예배를 드리게 하셨습니다. ○○ 교회가 여호와의 손이 되어 고난 속에서 어렵게 지내고 있는 이들에게 긍휼을 베풀게 하셨음에 하나님께 영광을 드립니다.

회개-자복 | 자비로우신 하나님, 이웃을 섬기기에 부족하였음을 회개합니다. 어려운 이들에게 여호와의 손길이 되어 사랑으로 섬기는 것이 언제나 겉치레에 지나지 않았음을 고백합니다. 이기적으로 살아온 죄를 용서하시고, 하나님의 영광을 소망하면서 사회봉사를 다짐하게 하옵소서.

간구 | 여호와 하나님, 사회봉사주일을 맞이하여 저희들에게 세상과 인류를 사랑하시는 하나님의 손길이 되게하심을 기뻐합니다. 사회봉사는 교회와 그리스도인의 본질적 사명임을 깨닫고 적극적으

로 참여하게 하옵소서. 진정한 섬김과 나눔의 길을 걸어가신 그리스도를 본받기를 소망합니다. 먼저, 지역사회에서 고통을 받는 이웃에게 많은 사랑을 나누어 주기를 원합니다. 저희들이 하나님의 사랑으로 이웃과 세상을 향하여 손을 펴며, 갖고 있는 재물을 나누게 하옵소서. 주님께서는 너희가 여기 내 형제 중에 지극히 작은 자 하나에게 한 것이 곧 내게 한 것이라고 가르쳐 주셨습니다. 소외되어 고통받는 이웃들을 섬기는 저희들이 되게 하옵소서.

예배의 순서 | 위대하신 하나님, 성령님의 인도하심에 따라 시작된 예배를 기뻐합니다. 이 시간, 성도들이 사회봉사주일의 영광을 예배하게 하옵소서. 오늘도 말씀을 선포하실 목사님을 위하여 간구합니다. 귀한 종에게 말씀의 영감과 능력을 나타내 주옵소서. ○○ 성가대의 아름다운 찬양이 있는 예배로 하나님께 영광을 돌리게 하시니 감사합니다. 찬송의 능력을 체험하게 하옵소서. 하나님의 은혜로 살아오고 있음에 그에 대한 응답으로 예물을 준비했사오니 믿음으로 드리게 하옵소서.

지역사회를 위한 도고 | 하나님 아버지, 함께 살아가는 이웃들을 주시고 그들과 어울려 지역사회를 이루게 하시니 감사합니다. 여호와의 은혜가 이곳에 임하여 ○○동이 복된 땅이 되게 하옵소서. 이곳의 다양한 조직들이 활발하게 움직여 아름다운 지역사회가 되어지기를 소망하면서 이 모든 간구를 예수님의 이름으로 기도드립니다. 아멘.

교육진흥주일

14. 진리를 가르쳐 지키게 하옵소서

내가 너희에게 분부한 모든 것을 가르쳐 지키게 하라 볼지어다 내가 세상 끝 날까지 너희와 항상 함께 있으리라 하시니라(마 28:20).

찬양-경배 | 신실하신 하나님, 교육진흥주일에 찬양을 드리며 경배합니다. 이 땅에 ○○ 교회가 세워지고, 진리를 가르치고 배우게 하심에 찬양을 드립니다. 저희 교회에 사람을 세우는 일을 맡겨주셨음에 영광을 드립니다. 모든 성도들이 하나님의 말씀에 주리고, 은혜에 목말라 진리 안에서 예배하게 하옵소서.

회개-자복 | 여호와 우리 주여, 저희들의 부족으로 ○○ 교회가 교육하는 사명을 제대로 감당하지 못했음을 회개합니다. 교회의 여러 일들을 하면서 교육이 시급한 과제들 때문에 뒤로 밀렸던 것을 고백합니다. 하나님의 사람을 키우는 일이 가장 우선이어야 함에도 불구하고 교육에 불성실했음을 용서하옵소서.

간구 | 하늘의 하나님, 교회를 세우시고 예수님께서 행하신 모든 일들을 가르치도록 위임을 받았으니 성실하게 감당하게 하옵소서. 이 땅에 계시는 동안 가르쳐 지키게 하셨던 예수님의 말씀을 지키는 저

희들이 되기를 원합니다. 공생애 기간 동안에 가르치기에 힘을 쏟으셨던 주님을 기억합니다. 천국의 복음을 전파하시며 가르치셨던 그 열심을 따르게 하옵소서. 간절히 바라오니, 저희 ○○ 교회가 가르치는 교회되어서 주님이 그리스도이심을 가르치게 하옵소서. 주님의 교회로 말미암아 이 땅에 그리스도를 주로 섬기는 이들이 넘치게 하시고, 가르치는 사역을 통해 진리 안에 거하게 하옵소서.

예배의 순서 | 신실하신 하나님, 성령님의 인도하심으로 드리는 교육진흥주일의 예배를 기뻐합니다. 교육진흥주일을 맞이하면서 이 교회에 속해 있는 모든 성도들에게 진리를 가르쳐 지키게 하는 역사가 일어나기를 소원하게 하옵소서. ○○ 성가대원들이 하나님을 찬양할 때, 교회가 천상의 자리가 되기를 원합니다. 그 찬양으로 저희에게는 예배하려는 마음이 더욱 간절해지게 하옵소서.

어린이들을 위한 도고 | 사람을 기르시는 주여, 주님의 교회에서 어린이들이 자라게 하셨으니 그들에게 배움에 대한 소망을 주옵소서. 하나님의 말씀을 가까이 하고, 진리를 배우는데 열심을 품게 하옵소서. 교회에서 교육을 받는 동안에 각자가 자신들을 향하신 하나님의 계획에 민감하게 해주시기를 원하면서 이 모든 간구를 예수님의 이름으로 기도드립니다. 아멘.

성서주일

15. 만백성들에게
성경을 전하게 해 주옵소서

너희가 성경에서 영생을 얻는 줄 생각하고 성경을 상고하거니와 이 성경이 곧 내게 대하여 증거하는 것이로다(요 5:39).

마음을 바침 | 성서주일의 하나님, 오늘은 이 땅에 성경을 보급하는 대한성서공회를 즐거워하며 하나님께 영광을 드리려고 머리를 숙였습니다. 저희에게 성경을 주셔서 구원의 길을 알게하심에 감사드립니다.

회개-자복 | 생명샘의 하나님, 성경을 가까이 하지 않고 거짓 행위를 미워하지 못한 죄를 고백합니다. 진리의 말씀에 목말라하고, 하나님의 뜻을 구하기에 시냇물을 찾는 사슴과 같지 않았음을 회개합니다. 하나님을 떠난 세상의 일들을 찾으려 했던 어리석은 죄를 예수님의 보혈로 씻어주옵소서.

간구 | 인자하신 하나님, 대한성서공회의 수고를 통하여 저희에게 성경을 갖게 하셨음에 감사드립니다. 하나님의 말씀이 우리말로 번역, 출판, 반포되도록 하신 하나님의 손길을 찬양합니다. 우리말 번역 성경이 잘 번역되어 국민들이 쉽게 말씀을 접하게 역사하신 은

혜에 감사드립니다. 오늘 성서주일에 성경의 반포사역을 위해 기도합니다. 저희들이 하나님의 말씀을 받은 것에 대한 감사와 감격으로 이웃에게 성서를 보급하고자 하는 마음이 뜨거워지게 하옵소서. 이를 위해 헌금하게 하시고, 많은 이들에게 성경이 반포되도록 기도하게 하소서.

예배의 순서 | 찬양을 받으실 하나님, 주님의 백성들을 거룩하게 하시고, 마음을 다 바쳐 예배하도록 하심에 감사드립니다. 성서주일에 만백성들에게 성경을 전하려는 거룩한 결단을 하는 예배로 영광을 드리게 하옵소서. 강단에 오르신 목사님께 신령한 은혜를 더하여서 생명의 말씀으로 저희를 새롭게 하옵소서.
여호와의 영광이 선포되도록 성가대를 세워주셨습니다. ○○ 성가대원들이 하나님을 찬양하는 역할을 귀하게 감당하게 하옵소서. 이 시간에 예배를 위해서 성실히 맡은 직분의 자리에서 봉사하는 지체들을 기억해 주옵소서. 저들의 수고를 통해서 더욱 영화롭게 예배를 드리게 하셨음에 감사드립니다.

성경의 반포를 위한 도고 | 말씀이신 하나님, 대한성서공회를 세우시고, 성경이 땅끝까지 전해지기를 원하시는 하나님의 열심을 저희들에게도 주옵소서. 글을 읽을 줄 아는 사람이면 누구에게라도 성경이 읽혀지도록 반포하는 일에 참여하게 하옵소서. 저희들 각자가 한 권의 성경을 구입하여 불신자들에게 권하는 운동이 일어나기를 원하면서 이 모든 간구를 예수님의 이름으로 기도드립니다. 아멘.

교회기관 총회

16. 주님이 원하시는 일꾼이 되게 하옵소서

그러므로 누구든지 이런 것에서 자기를 깨끗하게 하면 귀히 쓰는 그릇이 되어 거룩하고 주인의 쓰심에 합당하며 모든 선한 일에 예비함이 되리라(딤후 2:21).

감사의 고백 | 복을 주시는 하나님, 금년 한 해 동안 ○○○회를 지켜주셨음을 감사드립니다. 여호와의 도우심으로 금년에는 선한 일을 많이 실행할 수 있었음에 감사드립니다. 이제 새해의 사역을 위하여 새로운 일꾼을 세우도록 인도하옵소서.

회개-자복 | 자비로우신 하나님, 지나온 한 해를 돌아볼 때, 맡은 자들이 구할 것은 충성이었음에도 충성하지 못한 모습을 회개합니다. ○○○회가 부흥되지 못한 나태함을 회개합니다. 예수님의 피로 깨끗케 하옵소서. 임원의 직분을 맡은 이들과 평회원으로 섬겼던 이들 모두가 회개하며 새로운 다짐을 하게 하소서.

간구 | 살아계신 하나님, 귀한 종들이 하나님의 일을 맡아 한 해 동안 수고하게 하셨음에 감사드립니다. 주님께서 저희 ○○○회를 복 주셔서 좋은 일꾼들이 선출되게 하옵소서. 교회의 일꾼을 세우는 것이 중요한 일이오니, 주님의 마음에 합한 자가 세워지게 하옵소서.

주님께서 일곱 집사를 세운 초대 교회는 일꾼들로 말미암아 더욱 크게 부흥하였음을 보여주셨습니다. 저희 교회에도 그런 역사를 보여주옵소서. 성령님께 충만한 사람을 세워주옵소서. 하나님의 일은 사람의 힘으로가 아니라 성령님의 힘으로 행할 수 있음을 고백합니다. 지혜가 충만하며, 하나님과 사람에게 칭찬을 듣는 사람을 세워주옵소서.

예배의 순서 | 하늘의 하나님, ○○ 교회의 ○○○ 회원들이 한 마음으로 머리를 숙인 이 시간이 하나님께 영광이 되기를 소망합니다. 말씀을 증거하실 목사님께 능력을 더하여 주셔서 주님이 원하시는 일꾼이 되기를 다짐하게 하옵소서.
오늘도 주님을 영화롭게 해드리기 위해 특송을 준비한 지체들을 축복해 주옵소서. 예수님을 구주로 믿는 무리들이 한 마음으로 하나님을 찬양하며 예배하도록 하옵소서. 이 예배가 신령과 진정으로 드려지기 위해서 봉사하는 종들이 있으니, 그들이 맡은 직분을 더욱 충성스럽게 감당하게 하옵소서.

나라를 위한 도고 | 역사의 주인이신 하나님, 저희들이 모인 이 시간, 나라를 위하여 간구합니다. 이 땅에 많은 나라와 많은 이들이 사는데, 저희들에게 이 나라를 주셨습니다. 이 나라와 국민들이 하나님을 즐거워하고, 여호와의 인도하심을 소망하게 하시기를 원하면서 모든 간구를 예수님의 이름으로 기도드립니다. 아멘.

교육기관 졸업예배

17. 하나님의 사람으로 준비하게 하옵소서

내가 이미 내 하나님의 전을 위하여 힘을 다하여 예비하였나니 곧 기구를 만들 금과 은과 놋과 철과 나무며 또 마노와 박을 보석과 꾸밀 보석과 채석과 다른 보석들과 화반석이 매우 많으며(대상 29:2).

하나님께 영광 | 전능하신 여호와여. 오늘 저희들이 제 ○○회 교육부서 졸업예배를 드리기 위해서 모였습니다. 저희 교회를 통해서 천국의 일꾼을 기르게 하신 하나님의 위대하심에 영광을 드립니다. 이들을 교회에 맡겨주시고 온 성도들이 기도하는 가운데 교사들의 헌신으로 말미암아 아이들이 잘 자랐음에 영광을 드립니다.

회개-자복 | 용서하시는 하나님, 아이들의 교육환경을 위해서 애쓰지 못하였음을 회개합니다. 교육부서를 내 몸처럼 돌아보는 일에 게을렀습니다. 교육부서를 통해서 아이들이 세워지는 사역에 헌신이 부족했음을, 아이들을 위해 기도하는데도 부족하였음을 회개합니다.

간구 | 자비로우신 하나님, 여호와께서 귀한 지체들을 세상에 태어나게 하셨으며, 교회 안에서 믿음과 기도로 성장하게 하셨습니다.

정해진 교육기간 동안에 말씀을 잘 배우고, 오늘은 졸업을 감사하여 예배를 드립니다. 부모님의 수고로 길러지고, 하나님께서 저들을 자라게 하셨으니 진심으로 감사드립니다.
이제 소정의 교육기간을 마치고 졸업을 하는 지체들을 축복합니다. 이들 중에는 또 다시 상급학년의 교육부서로 진학해서 다시금 성경을 배우고 영성에 이르는 훈련을 하게 될 것입니다. 그리고 대학부를 마치고, 성인이 되어 자치단체에 가입하게 될 청년들이 있습니다. 모두가 주님을 위하여 살아야 함을 알게 하옵소서.

예배의 순서 | 영화로우신 하나님, 온 성도들이 주님께 감사하며 교육기관의 졸업예배를 드리니 받으옵소서. 예배가 진행되는 동안 자라나는 아이들을 하나님의 사람으로 준비시키기에 부족함이 없는 성도들이 되게 하옵소서. 주님의 귀한 교회를 위해서 세우신 목사님께 신령한 은혜를 더하여 주옵소서. 오늘도 ○○ 성가대를 세워주셨습니다. ○○ 성가대원들이 하나님을 영화롭게 하며 찬양할 때, 여호와의 영광이 넘치게 하옵소서. 이 예배가 원만히 진행되도록 봉사하는 지체들이 있어서 감사드립니다.

목회자를 위한 도고 | 일꾼을 세우시는 여호와여, 하나님의 교회와 성도들을 위해서 목회자들이 봉사하게 하심에 감사드립니다. 이들의 기도와 헌신으로 교회가 부흥되고 있음을 즐거워합니다. 부교역자들에게도 한 마음으로 동역하게 하시기를 원하면서 이 모든 간구를 예수님의 이름으로 기도드립니다. 아멘.

송년주일

18. 하나님을 가까이 하게 하옵소서

하나님께 가까이 함이 내게 복이라 내가 주 여호와를 나의 피난처로 삼아 주의 모든 행사를 전파하리이다(시 73:28).

찬양-경배 | 신실하신 하나님, 지난 한 해 하나님께서는 저희에게 참으로 좋으신 아버지가 되어주셨습니다. 주님의 넘치는 자비하심으로 저희들이 살아왔습니다. 저희에게 베풀어 주신 그 모든 은혜를 생각하며 찬양을 드리오니 받으옵소서.

회개-자복 | 미쁘신 하나님, 이 시간에 회개의 영을 허락하셔서 저희들의 잘못된 모습을 돌아보게 하옵소서. 하나님 앞에서 몸과 시간과 물질을 거룩하게 구별하지 못하고, 하나님의 일을 위하여 즐거움으로 드리지 못한 죄를 고백합니다. 하나님께서는 기다리고 계셨지만, 저희들은 딴 길로 갔사오니 용서하여 주옵소서.

간구 | 시간의 주인이신 하나님, 하나님의 은혜로 시작했던 금년이 송년주일로 끝에 이르게 하시니 감사드립니다. 하나님의 권능으로 저희들이 평안히 지내왔습니다. 하나님께 가까이 함이 우리에게 복인 것을 믿고 지내왔습니다. 저희에게 회개의 은혜를 주시고, 하나

님과 멀어지지 않게 붙들어 주셨음에 더욱 감사드립니다.
자기 백성을 돌아보시는 은혜로 여기에까지 이르렀으니 찬미의 제사를 드리는 예배가 되게 하옵소서. 이 시간 항상 주님과 함께 하였는가를 살펴보게 하옵소서.

예배의 순서 | 만물의 주인이신 하나님, 주님을 영화롭게 해드리는 예배로 진행되도록 권능을 나타내시옵소서.
○○ 교회의 성도들이 한 마음으로 머리를 숙인 이 시간이 하나님께 영광이 되기를 소망합니다. 한 해의 마지막 주일에 주님을 묵상하는 저희들에게 말씀을 선포하실 목사님께서 단에 오르셨으니 생명과 진리의 말씀을 전하게 하옵소서. 이 예배를 아름답게 하는 ○○ 성가대의 찬양을 받아주옵소서. 이들의 찬양을 통해서 하나님께는 영광이 드려지고, 회중들은 힘을 얻기를 원합니다. 지금, 저희들이 예배하는 동안에 교회 안팎에서 봉사하는 종들이 있음에 감사드립니다. 귀한 지체들의 섬김으로 예배를 아름답게 하시니 종들이 은총을 입게 하옵소서.

결단 | 새 날을 주시는 하나님, 항상 주님과 함께 하도록 하셨음에 머리를 숙여 경배합니다. 여호와의 은혜로 한 해를 살아왔음에 감사드리는 지금, 의로운 결단을 하게 하옵소서. 새해에는 여호와를 따르는데 열심을 내고 마음을 다하여 하나님을 사랑하고 섬기게 하시기를 원하며 모든 간구를 예수님의 이름으로 기도드립니다. 아멘.

3. 교회기관 헌신예배
대표기도문

제직회 헌신예배

쓰임을 받는 종들 되게 하옵소서

형제들아 너희 가운데서 성령과 지혜가 충만하여 칭찬 듣는 사람 일곱을 택하라 우리가 이 일을 저희에게 맡기고(행 6:3)

송축 | 흥왕하게 하시는 여호와여, 하나님의 영광이 이 자리에 있음에 엎드려 경배합니다. 성전을 통해서 주의 백성들과 함께 하시는 하나님의 선하심을 찬양합니다. 이 저녁에도 인자하심이 영원하심에 대하여 경배를 드립니다.

회개-결단 | 하나님 아버지, 저희의 악함을 회개합니다. 겉으로 드러나지는 않으나 마음에 품은 죄악을 용서해 주시기 원합니다. 예배를 드릴 때 뿐, 언제나 순종에 부족한 저희였습니다. 주님을 바란다고 하면서도 주님께 대한 목마름 없이 지내왔습니다. 예배하기 전에, 하나님 은혜와 사랑으로 죄를 씻음 받게 하소서.

예배를 위하여 | 예배의 하나님, 거룩한 날에 하나님의 사랑을 입은 주의 성도들이 모였습니다. 지금은 제직회의 헌신예배로 다시 한번 머리를 숙였으니, 오직 하늘의 하나님께 영광을 드리게 하옵소서. 성도들의 마음을 열어 주시고, 그 입술이 하늘을 향하여 열리게 하옵소서. 제직들이 새롭게 하나님 앞에서 헌신을 다짐하는 시간에 격려의 말씀을 들으려 합니다. 말씀을 전해 주시려고 ○○○ 목사님을 저희 교회에 보내 주셨음에 감사드립니다. 하나님의 사자를 통

하여 저희 교회와 제직들에게 꼭 필요한 메시지가 선포되기를 소망합니다. 이 예배를 위하여 성가대를 세워 주셨으니 귀한 지체들이 주님의 이름을 영화롭게 해드리게 하옵소서. 예배하러 교회에 모인 성도들과 함께 주님의 영광을 찬양하게 하옵소서.

교회를 위한 간구 | 구하라 말씀하신 하나님, 교회를 위해서 기도합니다. 교회 내의 기관마다 주님께서 붙들어 주시기 원합니다. 세우신 종들마다 사랑하여 주셔서, 주님의 몸 된 교회를 위하여 죽도록 충성하게 하옵소서. 하나님의 자녀들로 이루어진 주님의 몸 된 교회가, 세상에서 방황하며 인생의 무거운 짐을 지고 고통을 겪는 심령들에게 주님의 약속하신 신령하고 기름진 복을 나눠 주게 하옵소서.

축복 | 만복의 하나님, 이 좋은 시간에 헌신을 다짐하는 제직회원들을 축복합니다. 몸을 드려 헌신할 때마다 저들의 심령 속에 주님을 사랑하는 기쁨이 충만하게 하옵소서. 충성을 바쳐서 성령님의 권능으로 쓰임을 받는 종들이 되게 하시기를 원하면서 예수님의 이름으로 기도드립니다. 아멘.

너희가 그리스도 예수 안에서 나의 동역자들인 브리스가와 아굴라에게 문안하라 저희는 내 목숨을 위하여 자기의 목이라도 내어 놓았나니 나뿐 아니라 이방인의 모든 교회도 저희에게 감사하느니라(롬 16:3~4).

남전도회 헌신예배(20~30대)

부름을 받은 지체들의
헌신을 받으옵소서

그러므로 누구든지 이런 것에서 자기를 깨끗하게 하면 귀히 쓰는 그릇이 되어 거룩하고 주인의 쓰심에 합당하며 모든 선한 일에 예비함이 되리라(딤후 2:21)

찬양-경배 | 산 제물을 원하시는 하나님, 태초에 세상을 지으신 그 때부터 오늘에 이르기까지 우주만물을 다스리시고, 연약한 인생을 보호하여 주심에 찬양과 경배를 드립니다. 이스라엘의 구속자에게 영광을 드립니다. 이스라엘의 거룩한 이이신 여호와께 경배드립니다. 이 밤에도 자연의 만물을 통하여 영광을 받으시기 원하오니 영광 받으옵소서.

회개-결단 | 여호와 하나님, 주님께 기도하며 자복할 수 있는 은혜를 원합니다. 하나님의 영광을 가리울 만한 죄들을 회개하게 하시며 용서하심의 은혜로 새롭게 하옵소서. 이제, 저희가 지은 모든 죄를 고백하고 뉘우치오니 용서하여 주옵소서. 저희가 주님의 마음을 닮지 못하고 허영, 시기, 미움으로 살아왔사오니, 고쳐주시기 원합니다. 사유하시는 은혜로 거듭나는 밤이 되기 원합니다.

예배를 위하여 | 큰 영광을 받으실 하나님, 영화로운 시간에 하나님의 은총을 받고 있는 주님의 자녀들이 모였습니다. 이 복된 밤에 ○

○○ 남전도회의 헌신예배로 모여 산 제물로 저희를 드리고자 하니 하늘의 하나님께 영광을 바치게 하옵소서. 오늘 예배에서 은혜와 진리의 말씀을 전해 주시려고 ○○○ 목사님을 단에 세워 주셨음에 감사드립니다. 이 시간에 전해 주시는 말씀이 하나님께 영광을 드리고, ○○○ 남전도회 회원들에게는 크게 은혜를 끼치는 말씀이기를 소망합니다.

교회를 위한 간구 | 하나님 아버지, 주님의 교회가 온전한 주님의 능력있는 공동체가 되게 하시기를 바랍니다. 모든 형제와 자매들이 하나님의 말씀으로 충만한 삶을 이루어 드리는 공동체가 되게 하소서. 주님의 평강과 소망과 사랑이 넘쳐나는 교회이기 원합니다. 저희 모두가 가정과 사회에서 하나님의 자녀의 신분으로 참되게 살며, 의롭게 살아가게 하소서.

축복 | 신실하신 하나님, 주님의 교회를 위해서 ○○○ 남전도회를 세워 주셨으니 그들을 축복합니다. 부름을 받은 지체들의 헌신으로 교회는 더욱 부흥되기를 소망합니다. 그들이 모든 성도들 앞에서 주님께의 헌신을 새롭게 하고, 교회의 유익을 위하여 쓰이기를 다짐하는 삶이 복이 되게 하시기를 간절히 구하면서 예수님의 이름으로 기도드립니다. 아멘.

사람이 마땅히 우리를 그리스도의 일꾼이요 하나님의 비밀을 맡은 자로 여길지어다 그리고 맡은 자들에게 구할 것은 충성이니라(고전 4:1~2).

남전도회 헌신예배(40~50대)

교회를 든든히 하는 종들이 되게 하옵소서

저가 이르러 하나님의 은혜를 보고 기뻐하여 모든 사람에게 굳은 마음으로 주께 붙어 있으라 권하니 바나바는 착한 사람이요 성령과 믿음이 충만한 자라 이에 큰 무리가 주께 더하더라(행 11:23~24)

기쁨의 노래 | 큰 무리를 더하시는 하나님, 이 시간에 굽혀 경배합니다. 저희의 생명을 지으신 여호와 앞에 무릎을 꿇는 예배를 드리려 합니다. 참 좋으신 하나님 아버지이신 그 이름에 알맞는 경배를 드립니다.

회개-결단 | 하나님 아버지, 자기의 죄를 숨기는 자는 형통하지 못하나 죄를 자복하고 버리는 자는 불쌍히 여김을 받으리라 하신 말씀을 기억합니다. 다시금 다짐하오니, 죄에 대해 죽고, 의에 대해 살겠습니다. 굽어 살피셔서 이 다짐에 은총을 내려주시기 원합니다. 손으로 발로, 머리로 가슴으로, 마음으로 생각으로 춤추며 주님께 영광을 돌립니다.

예배를 위하여 | 경배를 받으실 하나님, 주님의 사람으로 부름을 받아 섬기고 있는 ○○○ 남전도회의 헌신예배로 산 제물을 드립니다. 하나님께서 친히 예배를 주관해 주시옵소서. 순서를 담당한 이들에게 신령과 진리로 임하게 하시옵소서. 오늘, 하나님의 말씀을 듣고,

단 위에 서신 목사님을 축복합니다. 하나님의 종이 들려주시는 말씀이 헌신을 다짐하는 이들이나 같이 예배하는 성도들에게 놀라운 역사를 나타내 주시기 원합니다. 성가대원들의 아름다운 찬양이 하늘에 상달되고, 저희에게는 성령님의 감동하심이 더하는 은혜가 있게 하옵소서.

교회를 위한 간구 | 은혜 위에 은혜를 주시는 하나님, 저희들이 분주히 지냈던 지난 사흘 동안에도 하나님은 역사를 쉬지 않으셨습니다. 성령님의 감동하심이 이 전에 다시 모이도록 하셨으니 성령으로 충만한 시간이 되게 하옵소서. 이 저녁에, 주님의 이름으로 모인 이 교회 공동체를 축복합니다. 그리하여 주님으로 새롭게 되는 역사의 주인공들이 되게 하옵소서.

축복 | 축복 일꾼을 선택하신 하나님, 주님의 교회에서 일꾼으로 부름을 받은 이들을 축복합니다. 저희에게 죽어가는 영혼들을 불쌍히 여기는 마음이 불일 듯 일어나게 하시기 원합니다. 교회의 각 기관에서 믿지 않는 이웃들을 주님께로 인도하기에 부족함이 없게 하옵소서. 모든 기관과 부서들이 세우신 목적에 따라 아름답게 교회를 섬기기에 부족함 없게 하시기를 원하면서 예수님의 이름으로 기도드립니다. 아멘.

내가 참 포도나무요 내 아버지는 그 농부라 무릇 내게 있어 과실을 맺지 아니하는 가지는 아버지께서 이를 제해 버리시고 무릇 과실을 맺는 가지는 더 과실을 맺게 하려 하여 이를 깨끗케 하시느니라(요 15:1~2).

남전도회 헌신예배(60대 이후)

남은 생애를
주님께 드리게 하옵소서

헤브론이 그니스 사람 여분네의 아들 갈렙의 기업이 되어 오늘날까지 이르렀으니 이는 그가 이스라엘의 하나님 여호와를 온전히 좇았음이며(수 14:14)

겸손-겸비 | 앙망하게 하시는 하나님, 지금도 살아서 저희를 지켜 주시는 이스라엘의 하나님 여호와를 찬송합니다. 날마다 주님의 이름을 높이고, 도와주시는 사랑에 감사하며 찬양을 드립니다.
예배를 드리는 이 시간에 온몸으로 찬양하게 하소서. 우리의 생명이 되신 아버지의 사랑으로 날마다 우리를 주님의 은혜 가운데 지켜 주셨음에 감사드립니다.

회개-결단 | 하나님 아버지, 육신의 삶에 쫓겨 하나님의 은혜를 잊고 지냈음을 회개합니다. 입으로는 예수님을 나의 주인이라 하면서도, 행실로는 제가 스스로 주인 노릇을 했었습니다.
진심으로 용서를 구합니다. 용서하여 주옵시고 '죄인을 불러 회개시키러 왔노라' 라고 하신 예수님을 찬양합니다.

예배를 위하여 | 신실하신 하나님, 주님 앞에서 안식한 날의 황혼의 시간에 하나님의 은혜로 사는 천국의 백성들이 모였습니다. 지금은 ○○○ 남전도회의 헌신예배로 마음의 무릎을 꿇고 경배를 드리고

자 마음을 모읍니다. 저희 교회에서 가장 연장자들인 ○○○ 남전도회 회원들을 강건하게 해 주시기를 소망합니다. 이 귀한 시간에 말씀을 전해 주시려고 ○○○ 목사님을 준비시켜 주셨음에 감사드립니다. 기도와 소망으로 준비하신 말씀을 전하시는 강단에 불의 역사가 임하게 하옵소서. 성가대원들이 찬양으로 영광을 드리고, 함께 예배하는 저희 모두에게 하늘의 감동으로 옷 입는 시간이게 하옵소서.

교회를 위한 간구 | 주님의 교회가 솔선하여 허물이 있는 곳을 치유하고 모자란 곳을 채우며, 나누인 곳을 하나되게 하는 데 최선을 다하게 하시고, 주님의 영광을 높이 드러낼 수 있는 교회가 되게 하소서. 성도들의 마음과 마음에 새 생명을 주셔서 우리 영혼이 되살아나서 교회 안에 사랑과 기쁨과 찬송이 넘치게 하소서.

축복 | 복을 주시는 하나님, 귀한 종들을 축복합니다. 오늘의 예배로 헌신을 새롭게 하는 ○○○ 남전도회 회원들이 더욱 큰 힘을 얻게 하옵소서. 노령의 나이에도 불구하고, 물러서지 않았던 갈렙의 은혜를 주시옵소서. 주님의 교회에서 연장자들의 모범적인 헌신으로 봉사하는 ○○○ 남전도회로 만들어 주실 것을 믿으면서 예수님의 이름으로 기도드립니다. 아멘.

오직 여호와를 앙망하는 자는 새 힘을 얻으리니 독수리의 날개 치며 올라감 같을 것이요 달음박질하여도 곤비치 아니하겠고 걸어가도 피곤치 아니하리로다(사 40:31).

여전도회 헌신예배(20~30대)

교회에 수종을 드는
여인들이 되게 하옵소서

너희 단장은 머리를 꾸미고 금을 차고 아름다운 옷을 입는 외모로 하지 말고 오직 마음에 숨은 사람을 온유하고 안정한 심령의 썩지 아니할 것으로 하라 이는 하나님 앞에 값진 것이니라(벧전 3:3~4)

하나님께 영광 | 중심을 보시는 하나님, 하나님의 충만하심으로 그 영광이 이 예배당에 나타나고 있습니다. 저희를 죄로부터 구원하신 영원한 왕이신 하나님을 찬양합니다. 언제나 불꽃같은 눈동자로 저희의 삶을 지켜주신 은혜에 감사하오며, 하나님의 영화로운 이름을 찬양합니다.

회개-결단 | 사유하시는 하나님, 저희의 마음 문을 두드려 열게 하시고, 세상 죄를 이기려는 싸움에 승리하게 하소서. 저희의 상처 입은 약한 심령을 주님께서 십자가를 지시고 피를 흘리신 손으로 치유하옵소서. 아직도 저희의 심령에 교만과 사욕이 스며들어 있다면 성령의 불로 죄악을 태우고, 깨우쳐서 회개하게 하옵소서. 주님의 보혈로 용서함을 받아 깨끗함을 누리기 원합니다.

예배를 위하여 | 인자하신 하나님, 거룩한 날이 다 가고 황혼의 시간에 하늘나라를 소망하는 주님의 자녀들이 모였습니다. 지금은 ○○○ 여전도회의 헌신예배로 다시 한번 머리를 숙였으니, 오직 하

늘의 하나님의 은혜가 충만한 성전이 되게 하옵소서. 이 복된 예배에서 말씀을 선포하시는 목사님, 기도하는 성도들에게 주님의 역사를 나타내 주소서. 성가대원들이 찬양을 드리려고 세워졌음을 즐거워합니다. 영광의 찬양을 부르게 하시고, 오늘, 헌신을 각오하는 ○○○ 여전도회 회원들이 아멘으로 응답하는 복을 누리게 하옵소서.

교회를 위한 간구 | 자비로우신 하나님, 저희 속에 성령으로 충만하게 채워 주셔서, 하나님의 영광을 나타내는 삶이 되게 하여 주옵소서. 여호와 우리 하나님께서 부족한 종의 간구를 들어주심을 믿습니다. 이에 담대하게 간구하오니, 이 교회에 복을 내려 주시기 원합니다. 그리고 교회가 세상 속에서 주님의 뜻을 나타내기를 원합니다. 이 교회가 하나님의 진리를 선포하게 하옵소서.

축복 | ○○○ 여전도회를 성삼위 하나님의 이름으로 축복합니다. 이 예배를 시작으로 ○○○ 여전도회가 교회의 기둥답게 여러 모습으로 섬기기를 충성하게 하옵소서. 복음을 드러내는 교회로서의 사명을 다하기에 부족함이 없도록 도와 주시기를 원합니다. 그리하여 저희 ○○ 교회가 하나님의 나라 확장을 위해서 ○○○ 여전도회를 통하여 사용되게 하시기를 원하면서 예수님의 이름으로 기도드립니다. 아멘.

내가 진실로 너희에게 이르노니 온 천하에 어디서든지 이 복음이 전파되는 곳에는 이 여자의 행한 일도 말하여 저를 기념하리라 하시니라(마 26:13).

여전도회 헌신예배(40~50대)

지체들의 헌신으로
교회가 부흥되게 하옵소서

네가 그리스도 예수의 좋은 군사로 나와 함께 고난을 받을지니 군사로 다니는 자는 자기 생활에 얽매이는 자가 하나도 없나니 이는 군사로 모집한 자를 기쁘게 하려 함이라(딤후 2:3~4)

송축 | 경배를 받으시는 여호와여, 저희에게 하나님의 영광과 위엄을 보여주심에 감사드립니다. 주님의 권세와 영광에 합당한 찬미의 예배를 드리기 원합니다. 구별해서 선택받은 무리들이 모였사오니, 주님을 찬송하고 영광을 돌리게 하시옵소서.

회개-결단 | 용서하시는 하나님, 예배하러 나아와 주님의 십자가를 바라보니 눈물이 앞섭니다. 바라보아야 할 하나님의 나라보다는 세상 속에서 욕심과 정욕을 따라 살았음을 고백합니다. 믿음보다는 사람의 생각으로, 하나님의 뜻보다는 자신의 일을 이루기 위해서 동분서주하다가 이 시간에 나왔사오니 용서해 주옵소서.

예배를 위하여 | 주 여호와 하나님, 주일을 마감하는 시간에 하나님의 은총을 받고 있는 여호와의 백성들이 무릎을 꿇었습니다. 이 시간에는 ○○○ 여전도회의 헌신예배로 영광을 드리려 합니다. 하나님께서 마련하신 영광의 시간에 여호와 앞에서 헌신을 다짐하는 아름다움이 경험되게 하옵소서. 목사님께서 말씀을 전하시기 위해 단

에 오르셨으니, 그 말씀이 능력이 있어 ○○○ 여전도회 회원들이 하늘의 힘을 얻게 하옵소서. 예배의 순서를 주님께서 다스리시고, 영화롭게 하옵소서.

교회를 위한 간구 | 교회를 세우시는 하나님, 먼저 저희 교회를 비롯하여 한국 교회를 위해 간구합니다. 하나님은 이 땅에 복음의 풍성한 열매를 맺게 하셨습니다. 사회의 아픔에 동참하는 참으로 의로운 교회가 되게 하옵소서. 세계를 향한 교회, 사랑 안에서 서로 연합하고 교제하는 교회, 성령님의 질서와 말씀이 흥왕하는 교회가 되게 하옵소서.

축복 | 오늘 헌신을 새롭게 하는 ○○○ 여전도회 회원들을 축복합니다. 지체들의 헌신으로 이 지역에 구원을 받아야 할 하나님의 백성들이 모두 주님께로 돌아오기 원합니다. 이 지역사회를 향한 교회의 사명을 깨닫는 지체들이 되기를 축복합니다. 그들의 기도와 사랑으로 교회가 지역을 섬기게 하옵소서. 이를 위해서 물질을 드리는 일에도 열심을 내게하심을 원하면서 예수님의 이름으로 기도드립니다. 아멘.

무릇 지혜로운 여인은 그 집을 세우되 미련한 여인은 자기 손으로 그것을 허느니라 정직하게 행하는 자는 여호와를 경외하여도 패역하게 행하는 자는 여호와를 경멸히 여기느니라(잠 14:1~2).

여전도회 헌신예배(60대 이후)

구별된 여종들이 헌신하게 하옵소서

늙은 여자로는 이와 같이 행실이 거룩하며 참소치 말며 많은 술의 종이 되지 말며 선한 것을 가르치는 자들이 되고 저들로 젊은 여자들을 교훈하되 그 남편과 자녀를 사랑하며(딛 2:3~4)

하나님께 영광 | 면류관을 예비하신 하나님, 주께서 지으신 모든 민족이 와서 주의 앞에 경배하며 주의 이름에 감사를 돌립니다. 그리스도 예수 우리 주님의 성호를 높이 들며 살게 하셨습니다. 때로는 유혹에 밀려 넘어지기도 하였으나 곧 일어서게 하시고, 사단을 무찌르며 십자가의 군병답게 살도록 하신 하나님이셨습니다.

회개-결단 | 사유하시는 하나님, 지난 한 주간 동안에 세상에 살면서 주님을 기쁘시게 하지 못하고, 육신을 위하여 이기적인 욕망과 많은 죄악에서 살아왔습니다. 저희의 회개를 들어주시고 용서해 주소서. 이제, 참으로 죄를 거절하며 살 수 있는 믿음의 용기를 주옵소서.

예배를 위하여 | 미쁘신 주 여호와여, 하나님의 사랑을 입은 ○○교회의 성도들이 그 크신 은혜에 찬양을 드리려 다시 모였습니다. 이 시간에는 주님께서 귀하게 사용하시며, 교회의 든든함을 위하여 봉사하게 하시는 ○○○ 여전도회 회원들이 헌신을 다짐합니다. 어

려운 이들을 섬기는 구제와 지역사회에 착한 일을 하는 봉사의 열매를 많이 맺게 하옵소서. ○○○ 여전도회 회원들이 오늘 예배를 드리는 마음으로 주어진 사명을 감당하여 교회가 참으로 하나님의 살아계심을 선포하게 하옵소서.

교회를 위한 간구 | 전능하신 하나님 아버지, 믿음이 연약한 심령들에게는 강하고 담대한 믿음을 허락해 주시기 원합니다. 그리고 말씀에 갈급하고 굶주린 심령들에게는 말씀의 충만함이 있는 예배이기를 원합니다. 우리의 기쁨이 되시는 주님을 만나는 체험이 있게 하옵소서. 저희 중에는 여러 가지 세상 일로 시달리며 근심에 빠져 있는 성도들이 있사오니, 그들의 무거운 짐을 주님께서 대신 맡아 주시기를 바라옵니다.

축복 | 예배 중에 계시는 하나님, 영화로운 시간에 주님의 자비를 입고 있는 ○○○ 여전도회 회원들을 축복합니다. 또한 그들의 헌신 예배를 즐거워하는 가운데 함께 모인 성도들을 축복합니다. ○○○ 여전도회 회원들은 하늘의 은총으로 구별된 자들이 되었으니 거룩한 전에서 찬양과 경배로 영광을 드리게 하옵소서. 오직 하늘의 하나님의 은혜가 충만한 이 전이 되게 하시기를 원하면서 예수님의 이름으로 기도드립니다. 아멘.

이제 후로는 나를 위하여 의의 면류관이 예비되었으므로 주 곧 의로우신 재판장이 그 날에 내게 주실 것이니 내게만 아니라 주의 나타나심을 사모하는 모든 자에게니라(딤후 4:8).

선교 헌신예배

복음의 전파를 위해
드리는 은혜를 주옵소서

온 땅이여 여호와께 노래하며 그 구원을 날마다 선포할지어다 그 영광을 열방 중에, 그 기이한 행적을 만민 중에 선포할지어다(대상 16:23~24)

감사의 고백 | 선포하시는 하나님, 예배하기 위해 모인 저희로 주께 영원히 감사하게 하옵소서. 이 전에 함께한 주님의 자녀들이 전심으로 하나님을 찬송하게 하옵소서. 날마다 함께하시며 시간과 사건 속에서 영원토록 주의 이름이 영광이 되기 원합니다.

회개-결단 | 사유하시는 주님, 이 시간에 저희를 돌아볼 때, 부끄럽습니다. 복음 전파가 저희의 일이라 하였으면서도 가진 것을 선교에 다 드리지 못한 죄인의 손을 봅니다. 복음 전파를 위해 수고하기를 인색했던 죄를 용서해 주시옵소서. 각 사람이 행한 대로 심판하실 하나님을 두려워하게 하옵소서. 그리하여 죄를 지었던 삶에서 돌이켜 회개하고 모든 죄에서 떠나는 용기를 주옵소서.

예배를 위하여 | 이름이 크신 하나님, 하늘의 만나로 하루를 은혜롭게 보낸 천국의 백성들이 황혼의 시간에 다시 모였습니다. 이 밤에는 하나님을 사랑하고 교회를 위하여 충성을 다하려는 선교부의 헌신예배로 영광을 드리려 합니다. 이 예배를 위하여 ○○○ 목사님

을 보내주셨음에 감사드립니다. 오늘 밤에, 예비된 종의 입술을 통해서 진리의 말씀을 듣고 새로워짐의 은혜를 보게 하옵소서.
○○○ 목사님께서 섬기시는 교회에도 은총이 더하기를 간절히 원합니다. 주님께서 이 밤에도 성가대원들을 세우셨으니, 거룩한 찬양, 기도로 불리어지는 찬양, 몸이 드려지는 찬양을 하게 하옵소서. 그 찬양의 은혜가 선교를 위한 헌신에 격려가 되게 하옵소서.

교회를 위한 간구 | 여호와 우리 주여, 저희 교회에 영혼을 구원에 이르게 하는 아름다운 사명을 주셨음에 감사드립니다.
죽어가는 영혼을 살려내는 역사에 몸을 드리고, 시간을 드리고, 물질을 드려 동참하는 성도들이 세워지게 하옵소서. 그들의 심령에 세계 곳곳의 땅들이 보여지게 하시며, 아버지의 품으로 돌아와야만 하는 영혼들을 보게 하옵소서.

축복 | 인애하신 하나님, 주님의 명령에 따라 땅끝까지 복음이 전파되는 일을 위해서 헌신하는 선교부의 지체들에게 은혜의 예배가 되기를 소망합니다. 그들이 선교에 헌신할 때, 하늘의 문이 열려져 신령한 복을 누리기 원합니다. 아울러, 땅의 기름진 것으로 만족한 삶을 살게 하심을 믿으면서, 예수님의 이름으로 기도드립니다. 아멘.

먼 땅에서 오는 좋은 기별은 목마른 사람에게 냉수 같으니라(잠 25:25).

구제 헌신예배

어려운 이들을 돌아보게 하옵소서

고아와 과부를 위하여 신원하시며 나그네를 사랑하사 그에게 식물과 의복을 주시나니 너희는 나그네를 사랑하라 전에 너희도 애굽 땅에서 나그네 되었었음이니라(신 10:18~19)

찬양-경배 | 인생을 도우시는 주여, 여호와의 영광이 이 자리에 있음에 엎드려 경배합니다. 성전을 통하여 주의 백성들과 함께하시는 하나님의 선하심을 찬양합니다. 이 저녁에도 주의 인자하심이 영원하심에 대하여 경배를 드립니다. 주님의 자녀들이 거룩한 곳에 다시 찾아 나왔습니다.

회개-결단 | 하나님 아버지, 고의적으로 인간의 교만에 빠져 예배하는 사람으로 살지 않았음을 회개합니다. 이웃을 내 몸과 같이 사랑해야 했지만 그렇게 하지 못했음을 용서하옵소서. 목마른 자들에게 냉수 한 그릇의 공궤를 하지 못하고 자신의 주머니만을 붙들고 살아온 죄를 용서하옵소서. 세상의 안락을 쫓다가 주님 앞에 나온 저희를 용서해 주시기를 구합니다.

예배를 위하여 | 하늘의 위로를 받은 날에 하나님의 사랑을 입은 ○○ 교회의 성도들이 모였습니다. 주님 앞에 정한 시간에 모여 찬양으로 영광을 드리는 지금은 구제를 위한 헌신예배로 머리를 숙였습니다. 먼저, 구제를 담당하고 있는 종들에게 은혜를 더하셔서 그들

자신이 헌신되게 하옵소서. 이 밤에 온 성도들이 일심으로 구제를 위해 헌신을 각오하고 있습니다. 진실로 저희 교회가 이 땅에서 섬기고 돌아보아야 하는 구제사역에 물질로 봉사하게 하여 주옵소서.

교회를 위한 간구 | 자비로우신 하나님, 이제, 하나님의 자비로우심으로 성도답게 살게 하시기 원합니다. 비록 가난하고, 병든 육체를 갖고 살아도, 하늘의 하나님을 바라보게 하옵소서. 저희 교회에 속한 지체들이 한결같이 주님의 뜻대로 사는 종들이 되기를 소망합니다. 그리하여 악을 물리치고 하나님을 기쁘시게 하는 것을 사모하는 삶을 살기를 원합니다.

축복 | 내심하게 하시는 하나님, 이 시간에 구제 헌신예배를 드리는 성도들을 축복합니다. 구제부의 종들과 모든 이들이 하나님께서 이 땅의 사람들을 사랑하시되 어려움을 당하는 이들을 저희에게 맡겨 주셨음에 대하여 고백하게 하옵소서. 저희 교회가 하나님의 손이 되어 섬김의 사역을 다할 때, 성도들에게 풍성하게 하시는 역사와 부요하게 하시는 은혜가 임함을 믿으면서 예수님의 이름으로 기도드립니다. 아멘.

주라 그리하면 너희에게 줄 것이니 곧 후히 되어 누르고 흔들어 넘치도록 하여 너희에게 안겨 주리라 너희의 헤아리는 그 헤아림으로 너희도 헤아림을 도로 받을 것이니라(눅 6:38).

성가대 헌신예배

하늘에 영광을 선포하게 하옵소서

이 백성은 내가 나를 위하여 지었나니 나의 찬송을 부르게 하려 함이니라(사 43:21)

송축 | 영화로우신 하나님, 온 성도들이 여호와 앞에 엎드려 예배하기를 원합니다. 분주해야만 하였던 일상의 삶을 쉬고, 종일을 예배하는 시간으로 보냈습니다. 참 안식의 하루를 마무리하는 시간에 ○○○ 성가대 헌신예배로 다시 모였습니다. 이 시간에 찬양과 경배를 주님께 드립니다.

회개-결단 | 용서해 주시기를 기다리시는 주님의 품에 죄악을 내려놓습니다. 주님의 영광을 위하여 저희의 모든 것으로 섬긴다고 하면서도 게으름과 나태함으로 지내온 저희의 모습을 회개합니다. 추한 모습을 갖고 있으면서도 회를 칠한 무덤처럼 살아온 죄를 용서해 주시옵소서.

예배를 위하여 | 자비로우신 하나님, 이 좋은 시간에 ○○○ 성가대원들이 헌신을 다짐하는 예배를 드립니다. 하나님 앞에서 아름다운 직분을 받은 그들을 복되게 하옵소서. 그 동안에도 교회에 은혜를 끼친 헌신이 아름다웠으나 오늘의 예배로 ○○○ 성가대원들이 새로워지게 하옵소서. 이 예배를 위하여 목사님을 보내 주시고, 말씀을 전하게 하심에 즐거워합니다. 존경하는 목사님의 입술에서 하나

님의 말씀이 떨어지게 하시고 그 말씀 한 절, 한 절을 받을 때, 저희에게 벅찬 감격이 있기를 소망합니다.

교회를 위한 간구 | 기도를 들으시는 주여, 생명의 구주가 되시는 예수님을 찬양하고, 하나님을 영화롭게 해드리는 교회에 은혜를 더하옵소서. 오늘 새로운 마음으로 헌신을 약속한 ○○○ 성가대로 말미암아 크게 영광된 교회가 되기를 소망합니다. 그들의 찬양으로 성도들의 심령이 은혜의 단비로 늘 적셔지게 하옵소서. 그리고 그들과 똑같은 마음으로 예배하는 성도들이 되게 하시기를 원합니다.

축복 | 복을 주시는 하나님, 이 시간에 ○○○ 성가대를 축복합니다. 대장을 비롯해서 모든 대원들에게 은혜와 신비로 충만하게 하옵소서. 부족한 입술로 그들을 위하여 기도드립니다. 오직 주님께서 성가대의 감독이 되어 주시고, 성령님께서 거룩한 지체들을 인도하셔서 찬양의 직무를 정성껏 섬기게 하옵소서. 주님의 몸에 붙어 있는 한 지체가 되어 하나님의 나라에 영광을 드리기를 사모하는 ○○○ 성가대가 되기를 원하면서 예수님의 이름으로 기도드립니다. 아멘.

큰 소리로 외쳐 가로되 구원하심이 보좌에 앉으신 우리 하나님과 어린 양에게 있도다 하니 모든 천사가 보좌와 장로들과 네 생물의 주위에 섰다가 보좌 앞에 엎드려 얼굴을 대고 하나님께 경배하여(계 7:10~11).

구역장 헌신예배

선한 목자의 마음을
품게 하옵소서

여호와는 나의 산업과 나의 잔의 소득이시니 나의 분깃을 지키시나이다 내게 줄로 재어 준 구역은 아름다운 곳에 있음이여 나의 기업이 실로 아름답도다(시 16:5~6)

하나님을 바람 | 신실하신 하나님, 성도들이 교회에 모일 때마다 하나님을 찬양하는 소리로 가득하게 하옵소서. 주님의 교회가 신앙의 공동체를 이루어 하나님의 영광을 선포하게 하소서. 또한, 서로를 향해서 봉사하는 교회가 되어 주님의 영광을 드러내게 하소서.

회개-결단 | 하나님 아버지, 이 시간에 구역장 헌신예배로 머리를 숙이나, 저희의 죄를 떨쳐 버릴 수 없어 용서를 구합니다. 하나님의 양떼를 맡은 구역장들뿐만 아니라, 저희 각자가 주님의 보내심으로 빛과 소금이 되어야 했지만 그렇지 못하였음을 용서해 주시옵소서. 육신이 연약하고 믿음이 부족하다는 핑계로 주님의 말씀대로 살지 못하였음을 회개합니다.

예배를 위하여 | 성전에 계신 하나님, 하늘로부터 은혜가 내리는 시간에 천국을 사모하는 거룩한 자녀들이 모였습니다. 하루를 복스럽게 지내게 하시고, 육신의 안식을 주신 그 은총을 묵상하며 구역장 헌신예배에 임하게 하옵소서. 구역장들이 귀한 직분 앞에서 마음을

새롭게 할 때, 충성을 다하여 사명을 감당하는 힘을 누리기 원합니다. 예배의 순서에 따라 목사님께서 말씀을 전하실 때, 큰 위로와 능력이 덧입혀지기를 소망합니다. 하늘에서 쏟아지는 폭포수와 같은 말씀으로 강한 용사가 되게 하옵소서.

교회를 위한 간구 | 교회를 세우시는 하나님, 하나님의 자비로우심으로 구역장들이 맡겨진 직무를 잘 감당하는 아름다운 종으로 살게 하옵소서. 그들의 헌신이 교회로 하여금 빛과 소금이 되라 하신 주님의 뜻대로 봉사하는 공동체가 되게 하옵소서. 그리하여 악을 물리치고 하나님을 기쁘시게 하는 것을 사모하는 주님의 몸이 되기 원합니다.

축복 | 복을 주시는 하나님, 구역장들을 축복합니다. 위로부터 내려주시는 은총으로 승리하는 종들이 되게 하옵소서. 주님의 성소에서 하나님을 찬양하며, 그의 권능의 궁창에서 그를 찬양합니다. 주여, 우리 교회에 성령으로 충만하옵소서. 그들의 섬김을 통해서 성도들이 온전하게 세워지고, 흠이 없는 하나님의 사람으로 세워질 것을 소망하면서 예수님의 이름으로 기도드립니다. 아멘.

그러므로 누구든지 이런 것에서 자기를 깨끗하게 하면 귀히 쓰는 그릇이 되어 거룩하고 주인의 쓰심에 합당하며 모든 선한 일에 예비함이 되리라(딤후 2:21).

교사 헌신예배

온전히 드림의 충성을
각오하게 하옵소서

말씀하시되 나를 따라오너라 내가 너희로 사람을 낚는 어부가 되게 하리라 하시니 저희가 곧 그물을 버려두고 예수를 좇으니라(마 4:19~20)

기쁨의 노래 | 교회를 인도하시는 하나님, 저희에게 맡겨주신 어린 양떼를 자원하는 마음으로 보살피게 하심에 감사드립니다. 저희를 교사로 부르시고, 어린 생명들이 주님께 가는 길로 이끌기에 부족함이 없도록 믿음을 더하여 주심에 즐거워합니다.

회개-자복 | 혹시 부지 중에라도 보인 저희의 잘못된 모습으로 말미암아 어린 생명들이 상처받고 낙심할 수도 있사오니 언제나 주님 앞에서 산다는 저희의 신앙 의식이 흐트러지지 않게 도와 주시고 먼저 저희 자신을 주님의 말씀으로 잘 갈고 닦을 수 있도록 이끌어 주시옵소서.

예배를 위하여 | 예배하게 하시는 여호와여, 주님께서 구별하신 날을 거룩하게 보낸 성도들이 하나님을 찬미하려고 다시 머리를 숙였습니다. 이 시간의 예배는 교사 헌신예배로 드리니 영광을 받아 주시옵소서. 교사들에게 어린 심령들을 위하여 언제나 신앙의 모범을 보일 수 있기를 다짐하는 헌신의 예배를 드리게 하옵소서. 오늘 말

씀을 들고 단 위에 서시는 강사 목사님을 성령의 능력으로 붙들어 주셔서 목사님의 선포하시는 말씀을 통해 모든 교사들이 영적으로 결단하는 시간이 되게 하여 주시옵소서. 예배의 순서를 맡은 자들에게도 함께하셔서 성령의 인도함을 받게 하시옵소서.

교사들을 위한 간구 | 우리 주 여호와여, 영혼을 귀하게 여길 줄 아는 교사들이 되기를 원합니다. 맡겨진 영혼들 중 한 영혼도 곁길로 나가지 않도록 잘 살필 수 있는 교사들이 되게 하여 주시옵소서. 열악한 환경 속에서도 교사의 직분을 감당하고자 힘쓰고 애쓰는 주의 종들이 있습니다. 성령께서 위로하여 주시고 은혜를 더하여 주셔서 항상 기쁨이 넘쳐 나게 하시고 착하고 충성된 종이라고 인정하시는 주님의 복이 있게 하여 주옵소서.

축복 | 만복의 하나님, 지도 전도사님을 위시하여 지도부장, 지도 교사들이 한마음 한 뜻이 되어 주님이 맡기신 어린 생명들을 잘 양육할 수 있게 하시고, 부흥하는 주일학교가 될 수 있도록 이끌어 주시옵소서. 함께 머리 숙인 모든 성도들도 영적인 교육의 중요성을 깨닫게 되기를 원합니다.
온 성도들이 혼연일치가 되어서 자녀들의 신앙교육에 전념할 수 있도록 복을 내려 주시기를 원하면서 예수님의 이름으로 기도드립니다. 아멘.

너희는 자기를 위하여 또는 온 양떼를 위하여 삼가라 성령이 저들 가운데 너희로 감독자를 삼고 하나님이 자기 피로 사신 교회를 치게 하셨느니라 (행 20:28).

유년주일학교 헌신예배

주님의 어린이로 자라게 하옵소서

비록 아이라도 그 동작으로 자기의 품행의 청결하며 정직한 여부를 나타내느니라 듣는 귀와 보는 눈은 다 여호와의 지으신 것이니라(잠 20:11~12)

하나님께 영광 | 어린아이들의 하나님, 이 시간 저희에게 커다란 기쁨을 주신 하나님께 영광을 드립니다. 저희가 여러 모습으로 예배를 드리지만, 이 저녁에는 특별한 예배로 모이게 하심에 기뻐합니다. 저희의 다음 세대인 어린이들이 하나님께 헌신을 다짐합니다. 저희가 주님께 영광을 드리지만 이보다 더 큰 영광이 또 어디에 있을는지 감사합니다.

회개-결단 | 저희는 어리지만, 하나님 앞에서 드려야 하는 영광이 있음을 믿습니다. 그럼에도 주님의 영광을 잊고 지낸 시간들을 회개합니다. 거룩한 하나님의 집에서도 놀이를 잊지 못하고, 기분의 즐거움을 위해 시간을 보낸 것을 용서해 주시옵소서. 이웃을 섬기고 사랑해야 함에도 자신의 즐거움만 찾던 지난 시간들을 용서하옵소서.

예배를 위하여 | 여호와 하나님, 안식의 시간을 다 보내고 감사하는 시간에 하나님의 은총을 받고 있는 ○○ 교회의 성도들이 모였습니다. 하나님의 은총을 입은 주님의 자녀들이 거룩한 날이 다 가기 전에 유년주일학교 헌신예배를 드리고자 모였습니다. 하나님만 예배

의 영광을 받으시며 어린이들에게는 은총으로 새롭게 하시옵소서. 어린이들이 바로 세워지기 위하여 귀한 목사님을 단으로 부르신 하나님을 찬양합니다. 목사님의 입술에 의해 진리의 말씀이 선포될 때, 저희 아이들이 생명의 영으로 풍성하게 하옵소서.

교회를 위한 간구 | 하나님 아버지, 주님의 몸 된 교회를 위하여 기도합니다. 주님의 크신 뜻이 계셔서 이곳에 교회를 세워 주시고 오늘날까지 지켜 주시니 감사합니다. 이 교회가 지역사회의 구원 방주가 되게하심을 기뻐합니다. 이 동네에 있는 많은 아이들을 불러 모아 주시고, 생명의 길로 인도하는 유년주일학교가 되게 하옵소서.

축복 | 거룩한 밤에, 헌신예배를 드리는 유년주일학교를 축복합니다. 어린이들과 교사들 모두에게 크신 복을 내려 주시옵소서. 어린이들은 지혜와 총명으로 자라게 하시고, 그들을 위해서 섬김을 다하는 교사들에게는 주님의 일꾼으로 감당할 만한 복을 주시옵소서. 저희 교회 유년주일학교에 크신 능력과 축복을 허락하셔서 죽어가는 많은 심령들에게 복음의 기쁜 소식을 전하기를 원하면서 예수님의 이름으로 기도드립니다. 아멘.

예수께서 가라사대 어린 아이들을 용납하고 내게 오는 것을 금하지 말라 천국이 이런 자의 것이니라 하시고 저희 위에 안수하시고 거기서 떠나시니라(마 19:14~15).

중·고등부 학생회 헌신예배

하나님께 드리는 삶이
되게 하옵소서

또 네가 어려서부터 성경을 알았나니 성경은 능히 너로 하여금 그리스도 예수 안에 있는 믿음으로 말미암아 구원에 이르는 지혜가 있게 하느니라(딤후 3:15)

감사의 고백 | 진리로 이끄시는 하나님, 저희를 믿음 안에서 자라게 하심을 감사드립니다. 이 교회에 중·고등부를 허락하셔서 그리스도의 장성한 분량에까지 자라가도록 하신 은혜에 감사를 드립니다. 어려서부터 주님을 알게 하셨으니, 이 믿음으로 자라게 하옵소서.

회개-결단 | 미쁘신 하나님, 하나님 앞에서 지은 죄를 고백합니다. 공부하기에 분주한 시간을 보내고 있다는 핑계로 말씀에 순종하는 삶에 부족했음을 용서해 주시옵소서. 주님께서 하라고 하신 말씀을 따르지 않았고, 하지 말라고 하신 말씀도 지키지 못한 생활을 용서하옵소서.

예배를 위하여 | 영원하신 하나님, 저희를 위하여, 좋으신 선생님들을 세워 주셨으니 감사드립니다. 선생님들께서 저희를 위해 늘 기도하는 중·고등부가 되도록 이끌어 주시기 바랍니다. 선생님들과 저희가 믿음 안에서 서로 사랑하며 소망으로 열매를 맺는 중·고등부를 만들어 나가기 위해 헌신하게 하소서. 주님께서 함께 하시면

하나님의 나라를 이루어 드리는 중·고등부가 될 줄로 믿습니다. 이 헌신예배로 인하여 고귀하고 성스러운 믿음으로 주님을 향한 사랑을 소중히 간직하기 원합니다. 오늘 귀한 말씀을 들려주시는 목사님께 성령님의 영력이 갑절이나 더하게 하옵소서. 하나님의 사자가 선포하시는 말씀으로 학생들이 새로워지게 하옵소서.

중·고등부 학생회를 위한 간구 | 사랑의 하나님, 저희를 깨우치셔서, 중·고등부에서 이루어야 하는 목적을 달성하게 하옵소서. 저희가 여기에 머무는 동안에, 저희의 삶을 주님의 거룩하심으로 채우게 하옵소서. 또한 하나님의 나라와 우리나라에 꼭 필요한 인물이 되려는 소망을 품게 하옵소서.

결단에의 간구 | 좋으신 하나님, 오늘 헌신을 다짐하는 학생들을 축복합니다. 저희에게 주님의 풍성한 지혜를 허락해 주시기 원합니다. 저희를 지켜보시는 교회의 여러 어른들께 기쁨을 드리는 성숙을 보이기 원합니다. 저희가 선택하는 모든 일들을 지도하셔서, 늠름한 십자가의 군병들이 되게 하소서. 저희의 마음을 열어서 진리를 받아들이게 하시기를 원하면서 예수님의 이름으로 기도드립니다. 아멘.

형제들이 와서 네게 있는 진리를 증거하되 네가 진리 안에서 행한다 하니 내가 심히 기뻐하노라 내가 내 자녀들이 진리 안에서 행한다 함을 듣는 것보다 더 즐거움이 없도다(요3 1:3~4).

대학생 · 청년회 헌신예배

새벽이슬 같은 청년들을 받으옵소서

또한 네가 청년의 정욕을 피하고 주를 깨끗한 마음으로 부르는 자들과 함께 의와 믿음과 사랑과 화평을 좇으라 어리석고 무식한 변론을 버리라 이에서 다툼이 나는 줄 앎이라(딤후 2:22~23)

감사의 고백 | 교회를 지키시는 하나님, 세상을 다스리시며 교회를 보호하시는 하나님께 영광을 드립니다. 주님의 이름으로 모인 저희의 찬양을 받으시고, 영광을 취하시기 원합니다. 주님의 젊은이들이 헌신을 다짐하게 하시니 감사드립니다. 복된 시간이 되게 하옵소서.

회개-결단 | 거룩하신 하나님 아버지, 지난 한 주간 동안도 결코 아름답지 못하였습니다. 여러 가지로 범한 죄와 허물이 많이 있습니다. 이 시간에 저희의 모든 죄를 주님께 자복하고 회개하오니 주 예수 그리스도의 보혈로 깨끗함을 얻게 하소서. 십자가의 은혜만이 청년들을 새벽이슬처럼 아름답게 해 주실 줄 믿습니다.

예배를 위하여 | 살아계신 하나님, 전능하신 하나님, 주일의 은혜를 받으며, 풍성한 생명의 만나로 배불렸던 저희가 이 시간에 무릎을 꿇습니다. 헌신예배에 무릎을 꿇은 청년들이 주님의 십자가로 말미암아 죄의 문제를 해결받는 은혜를 누리게 하옵소서. 또한, 하늘나

라의 백성이 되게 하신 하나님의 이름을 높이는 고백을 하게 하옵소서. 목사님께서 기도하시는 중에 준비하신 말씀을 다 전하실 수 있도록 성령님의 도우심을 간구합니다. 오늘 저희 ○○ 교회의 성도들이 들어야만 하는 생명의 말씀이 선포되기를 간절히 원합니다.

교회를 위한 간구 | 함께하시는 여호와여, 여호와는 위대하시니 우리 하나님의 성, 거룩한 산에서 극진히 찬양 받으시옵소서. 모든 성도들이 자신을 돌아보고 맡겨진 사명을 감당하도록 붙들어 주시기 원합니다. 저희가 이 땅 위에 사는 동안 하나님의 사람이라는 인생의 본분을 잊지 않게 하옵소서. 그리고 교회의 머리되신 예수님을 남편같이 귀히 섬기게 하옵소서.

축복 | 자비로우신 하나님, 새벽이슬 같은 주님의 청년들을 축복합니다. 어느 모로도 부족한 지체들이지만, 저희의 헌신을 받으시는 하나님의 능력이 나타나 크게 쓰임을 받는 종들이 되게 하옵소서. 젊어서부터 자신의 인생을 하나님과 주님의 나라에 드린 이들의 생애를 영화롭게 하옵소서. 이들의 헌신으로 하나님의 뜻이 이 땅에서 이루어지기를 간절히 원하면서 예수님의 이름으로 기도드립니다. 아멘.

이 세상이나 세상에 있는 것들을 사랑치 말라 누구든지 세상을 사랑하면 아버지의 사랑이 그 속에 있지 아니하니(요1 2:15).

4. 심방예배

대표기도문

일반 성도의 가정(장년)

하나님 앞에서 거룩하고 흠이 없게

너희 마음을 굳건하게 하시고 우리 주 예수께서 그의 모든 성도와 함께 강림하실 때에 하나님 우리 아버지 앞에서 거룩함에 흠이 없게 하시기를 원하노라(살전 3:13).

신실하신 주여, OOO 성도님에게 여호와께서 방패같이 은혜로 지켜주시니 감사드립니다. 오늘 심방을 통해서 성도님과 권속들이 하나님을 사랑하며 살아가게 하옵소서.

심방의 은혜 | 베드로의 집에 들어가신 주님께서는 그의 장모의 병을 고쳐주셨습니다. 목사님께서 주님의 이름으로 이 가정을 찾으셨으니 그의 손길을 사용하시는 하나님의 능력을 보기 원합니다.
저희들은 무지하여 OOO 성도님의 가정에 있는 아픔을 알지 못하나 하나님은 아시오니 치료하여 주옵소서. 모든 어려움이 해결될 줄로 믿습니다.

예배와 설교 | 영광을 나타내시는 하나님, 하나님께서 구별하신 거룩한 성도들에게 복을 내려주시기 원합니다. 예배로 모인 저희들이 그리스도의 십자가를 생각하게 하소서.
이 가정을 위해서 예비된 말씀을 목사님께서 전하실 때, 성령 하나님의 위로와 축복을 얻게 하소서. 그 말씀에 새로워지고 힘을 얻게 하옵소서.

교회 봉사 | 하나님의 집에서 선한 열매를 맺는 성도님이 되게 하옵소서. 이제 하나님의 복음을 전하고 교회를 위하여 봉사하는 소망을 갖게 하옵소서. 예배를 돕고 성도들을 도우며 교회를 굳게 하는 일에 많은 손길들이 필요하오니 성도님에게 자원하는 마음을 주소서.

재정 | 성도를 부요하게 하시는 주여, 성도님께서 그리스도 안에서 권세를 누리게 하시니 감사를 드립니다.
하나님께서 택하신 종에게 영생과 물질의 권세도 주셨음을 믿습니다. 교회를 더욱 섬길 수 있도록 재정을 허락하여 주옵소서. 주님의 영광을 위해서 베푸는 생활을 하도록 은총을 더하옵소서.

도고 | 주님의 은혜로 성도님에게 교회를 위한 기도에 헌신하게 하옵소서. 담임 목사님의 기도 동역자가 되어 성도들과 담임 목사님의 목회를 위해 간구하게 하옵소서.
예수님의 사랑을 이웃에게 전하고, 복음을 전파하는 OO 교회가 되도록 구하게 하옵소서. 저희가 기도하면서 교회를 더욱 사랑하게 하옵소서. 우리 주 예수님의 이름으로 기도드립니다. 아멘.

새신자의 가정

악한 일에서 건져내시는 주

주께서 나를 모든 악한 일에서 건져내시고 또 그의 천국에 들어가도록 구원하시리니 그에게 영광이 세세 무궁토록 있을지어다 아멘(딤후 4:18).

소망을 주시는 여호와여, OOO 성도님의 가정에 복을 주시는 하나님께서 하늘의 이슬과 땅의 기름진 것들로 채워주시니 감사드립니다. 날마다 풍성한 은혜와 물질로 OOO 성도님의 가정에 채워주시는 주님을 찬양합니다.

은혜의 줄기 | 기쁘고 복된 날, 이 가정에 OOO 성도님으로 인하여 기쁨을 주시니 감사를 드립니다. 전능하신 하나님의 특별하신 계획으로 이 가정을 이끌어 주옵소서. 이 땅에서의 삶을 주시고 OO 교회의 새신자로 등록케 하셨으니 하늘의 은총으로 넘치게 채워주소서.

예배와 설교 | 구원의 은혜와 의롭다하신 사랑에 감사하며 경배드리기 원합니다. 오직 하나님만이 예배를 받으옵소서.
우리의 모든 정성과 사랑을 모아 예배하기 원합니다. 말씀을 준비하신 목사님께 성령으로 감동해 주옵소서. OOO 성도님 가정의 지체들을 먹이시는 하나님의 은혜가 말씀으로 주어지기 원합니다. 함께한 저희에게도 하늘의 위로를 받는 말씀 되기를 소망합니다.

심방의 은혜 | 이 시간 예루살렘으로 들어오신 주님을 맞이했던 이들의 마음을 저희들도 갖기 원합니다. 나귀를 타신 주님을 보자, 무리가 겉옷을 길에 펴고 나뭇가지를 베어 길에 깔았듯이 심방 예배를 통해서 이 자리에 함께하시는 주님을 맞는 마음을 주옵소서. 주의 이름을 높이며 찬송을 부르기 원합니다.

사랑의 대화 | 사랑이 풍성하신 하나님, 저희들에게 사랑의 말을 주신 하나님을 찬양합니다. 두 사람이 사랑으로 가정을 이루게 하셨으니 감사를 드립니다. 하나님의 말씀 안에서 사랑으로 대화할 때 이 가정에 놀라운 역사가 일어나게 하옵소서.

복된 가정 | 이 시간에 부요케 하시는 하나님의 손길을 구합니다. ○○○ 성도님의 가정을 택하시고 복되게 하셨으니 은혜가 넘치게 하옵소서. 신령한 은혜와 필요한 물질을 넉넉하게 하옵소서.
자녀들을 이제까지 키워주셨으니 저들의 생애를 복되게 하옵소서. 날마다 하나님께서 능력의 손으로 붙들어 주실 것을 믿습니다. 우리 주 예수님의 이름으로 기도드립니다. 아멘.

임신

여호와의 권고로 얻은 선물

네 아비의 하나님께로 말미암나니 그가 너를 도우실 것이요 전능자로 말미암나니 그가 네게 복을 주실 것이라 위로 하늘의 복과 아래로 원천의 복과 젖먹이는 복과 태의 복이리로다(창 49:25).

사랑의 하나님, 자기 백성을 돌아보시는 자비로우신 하나님을 찬양합니다. 이 가정의 자손을 위한 기도를 들으시고 응답해주신 하나님의 인자하심을 찬양합니다. 지극히 높으신 주의 이름을 찬송하오니 받아주옵소서.

축복 | 산모를 축복합니다. 아내를 사랑하고 그녀가 아기를 갖기까지 곁에서 수고한 OOO 형제를 축복합니다. 이제부터 성령님의 충만을 소망하면서 출산을 기다리게 하옵소서. 오직 하나님만을 앙망하고 살아온 귀한 가정에 생명을 선물로 주셨으니, 그 생명을 축복합니다. 우주만물을 지으신 능력으로 새 생명을 지어서 OOO 자매의 태 안에 심어주셨으니 영광을 받아주옵소서.

예배와 설교 | 영광의 보좌에 계신 여호와여, 이 시간에 마음으로 주님 앞에 엎드립니다. 신랑과 신부에게 약속하신 후손을 보는 복을 주셨으니 감사의 예배를 드리기 원합니다.

태 안에서 시작된 아기의 생명을 주님께서 지켜주실 것을 믿고 드리는 이 예배가 저희들 모두에게 복이 되기를 소망합니다.

축복 | 말씀을 전하시는 목사님을 능력으로 붙들어 주시고, 복된 말씀으로 축복하게 하옵소서. 말씀의 은혜가 산모와 복중의 아기에게 임하여 산모와 아기가 모두 강건하게 하옵소서.
임신하여 예배로 영광을 드리는 이 가정에 하나님의 예비하신 축복을 부어주시고 필요한 것들을 채워주옵소서. 해산의 기쁨을 볼 때까지 복이 이어지기를 소망합니다.

소원의 간구 | 기도에 응답하시는 주여, 주님께서 이들 부부에게 복을 주심을 감사드립니다. 생육하고 번성케 하시는 하나님의 복이 이 가정에 나타났으니 땅에서 잘 되는 가정이 되기 원합니다.
주님의 은혜를 사모하면서 태 안의 생명이 경건한 자손으로 세상에 나오도록 기도하는 어머니가 되게 하옵소서.

양가를 위한 중보 | OOO 자매가 해산하기까지 양가에 은혜를 내려 주옵소서. 양가 모든 가족들이 OOO 자매를 돕기를 소망합니다.
이 집안의 모든 이들이 복을 받도록 은혜로 충만하게 하옵소서. 예수님의 이름으로 기도드립니다. 아멘.

출산

하나님으로부터 복 받은 아이

여인이 아들을 낳으매 이름을 삼손이라 하니라 아이가 자라매 여호와께서 그에게 복을 주시더니(삿 13:24).

소망의 하나님, 여호와께서 OOO 성도님을 위하여 큰 일을 하셨으니 여호와의 이름을 찬양하며 즐거워합니다. 저희들의 소망대로 성도님을 구원해 주시고, 그 은혜로 살게 하시며 새 생명을 보게 하셨습니다.

찬양 | 사랑을 입은 주님의 자녀들이 한 자리에 모였사오니 기뻐하고 즐거워합니다. 이 아기를 주신 하나님께 찬양을 드립니다.
이제부터 영원까지 여호와의 이름을 찬송하는 가정이 되게 하옵소서. 아기에게 능력과 찬송이 되신 하나님께서 영광을 받아주옵소서. 은혜를 받은 가정에서 감사함으로 하나님의 이름을 찬송하게 하소서.

예배와 설교 | 예배 중에 계시는 하나님, 은혜로우신 구세주의 이름을 높이 찬양합니다. 복된 가정에 아기를 주신 하나님께 예배드리게 하셨으니 은혜의 시간이 되게 하옵소서.
성령님의 은총으로 예배를 통해서 영광 드리기 원합니다.

만왕의 왕이신 주님께 구속함을 받은 성도들이 경배를 드리니 받아 주옵소서.
이 시간 하늘에서 천사들이 영광으로 화답하게 하옵소서.

건강 | 출산의 수고를 다한 산모를 축복합니다. 생명을 태 안에서 기르는 동안 보호해주신 그 은총으로 산모를 강건하게 하옵소서.
해산으로 몸이 연약해졌으니 하나님의 회복하심을 간구합니다. 산모의 모든 몸의 조직을 새롭게 다듬어 주옵소서.

부모를 위한 중보 | 자녀를 위해서 기도하는 부모가 되기 원합니다. 주님 앞에서 OOO 성도님이 좋은 어머니가 되게 하시고, OOO 집사님은 하나님의 뜻대로 아기를 키우는 아버지가 되게 하옵소서.
이 두 사람이 아기를 위해서 무릎을 꿇을 때 하늘 문을 여시고 응답해 주시기 원합니다. 경건한 부모의 양육을 받으며 이 아기가 신실한 사람이 되게 하옵소서.

소원의 간구 | 소망을 주시는 주여, OOO 권사님께서 할머니가 되시어 아기를 안게 하시니 감사를 드립니다. 어린 생명이 자라며 하나님의 뜻을 높이는 인물이 되기를 소망하게 하옵소서.
할머니의 기도를 받으면서 세상에 태어났으니 하나님과 사람들에게 사랑을 받는 아이로 자라게 하옵소서. 예수님의 이름으로 기도드립니다. 아멘.

고희

의인의 자손을 보는 즐거움

네가 땅에 뿌린 종자에 주께서 비를 주사 땅 소산의 곡식으로 살찌고 풍성케 하실 것이며 그 날에 너의 가축이 광활한 목장에서 먹을 것이요(사 30:23).

존귀하신 하나님, OOO 장로님이 고희를 맞이하게 하신 주님께 영광을 드립니다. 믿음을 지키며 한 평생을 사셨으니 장로님께서는 승리하셨습니다. 이 잔치를 즐기면서 저희들 모두 주님께 찬양의 예배를 드리게 하옵소서.

축복 | 귀한 날을 주셔서 감사드립니다. 하나님 안에서 삶의 복된 날을 맞으신 OOO 장로님을 축복합니다. 이후에 성령님의 충만하심이 장로님의 삶에 더욱 넘치기를 소망합니다. 노년의 아름다운 인생을 하나님 앞에서 거룩하게 사시기를 축복합니다.

예배와 설교 | OOO 장로님의 인생에 복을 주셔서 감사드립니다. 이 시간 고희를 맞이하신 장로님이 하나님의 은혜를 기억하며 예배를 드립니다. 자손들과 일가친척들 그리고 성도들이 함께 머리를 숙였습니다. 목사님께서 말씀을 전하실 때 성령님의 크신 역사로 채워주소서. 그 말씀에 순종하고 온전한 마음을 주님께 드리게 하옵소서. OOO 장로님의 삶에 역사하신 하나님의 크신 권능을 세상에 선포하옵소서.

자손들을 위한 중보 | OOO 장로님의 자손들에게도 하나님을 향한 믿음의 고백이 있기를 소망합니다. 주님의 은혜로 이 가정에 풍성하고 광대한 복이 임하였습니다. 이 믿음의 자손들이 부모의 하나님을 자신들의 주님으로 고백하게 하옵소서. 부모가 누린 복이 자손들의 삶에 이어지기를 원합니다.

소원의 간구 | 전능하신 여호와여, 장로님의 이후의 생애가 하나님의 마음에 합하게 쓰임 받는 시간이기를 원합니다.
하나님 나라에 소망을 두고 주님 앞에서 살아가게 하소서. 사시는 날 동안 가난이나 어려움이 틈타지 않게 하옵소서. 질병의 고통이나 어두움의 세력이 역사하지 못하도록 지켜 주옵소서.

하객들을 위한 중보 | 이 자리에 머리를 숙인 이들에게 하늘의 신령한 은혜를 허락하옵소서. 땅의 기름진 것들로 채워주옵소서.
주님의 자녀들이 하나님께 영광을 드리고 청지기의 삶을 살아가게 하옵소서. 그리하여 천국에 상급을 쌓는 성도들이 되기를 원합니다. 저희들이 사는 날 동안 하나님의 영광을 소원하며 살게 하옵소서. 예수님의 이름으로 기도드립니다. 아멘.

결혼

인생에서 가장 복된 날

남편 된 자들아 이와 같이 지식을 따라 너희 아내와 동거하고 저는 더 연약한 그릇이요 또 생명의 은혜를 유업으로 함께 받을 자로 알아 귀히 여기라 이는 너희 기도가 막히지 아니하게 하려 함이라(벧전 3:7).

은혜로우신 여호와여, 인생의 복된 날에 우리 하나님을 찬양합니다. 오늘, 신랑 OOO 형제와 신부 OOO 자매가 결혼예배를 드리게 되었음에 영광을 드립니다. 이 두 사람을 축복하여 주옵소서.

찬양 | 귀한 믿음의 가정에서 장성한 신랑과 신부로 인하여 찬양을 드립니다. 이들을 사랑으로 키워 새 가정을 이루도록 하신 신랑과 신부의 부모로 인하여 찬양을 드립니다. 여기 모인 우리 모두가 감사와 영광을 주님께 드리게 하소서. 이 시간 모든 만물이 주님의 사랑을 기뻐하여 찬양합니다.

예배와 설교 | 우리의 주님이 되시는 하나님, 주님 안에서 성대한 결혼예식을 맞이하여 예배합니다. 신랑과 신부의 아름다운 모습을 즐거워하며 예배드리오니 영광을 받아주옵소서.
  이 자리에 위대하신 하나님의 사랑으로 충만하게 채워주옵소서. 목사님의 설교에 성령님의 감동하심이 넘치기를 원합니다.

집례자를 위한 중보 | 거룩한 예식을 집례하시는 목사님께 은혜를 더하여 주시기 원합니다. 이 예식을 복되게 하시는 하나님을 기뻐하게 하옵소서. 신랑과 신부에게 은혜를 주시고, 이 자리에 모인 이들에게 축복이 넘치기를 소원합니다. 하나님이 이루신 새 가정에 천국의 복을 내려 주옵소서.

축복 | 사랑의 하나님, 이제 두 사람이 하나가 되어 사랑으로 가정을 이루려고 합니다. 여기 모인 성도들이 새 가정을 보며 축복할 때 성령님께서 충만하게 역사하여 주옵소서.
신부와 신랑이 평생동안 오늘 이 순간을 가슴속에 지니게 하시고 서로 존중하며 주님이 주신 삶을 누리게 하옵소서.

새 가정을 위한 중보 | 이제 인생의 새로운 시작입니다. 이들의 사랑으로 새로운 생명이 태어날 때 하늘과 땅이 기뻐하게 하시고, 하나님을 섬기며 자녀들을 양육하게 하옵소서.
때를 따라 도우시는 주님의 사랑으로 복된 지체로 살아가기를 소망합니다. 두 사람의 만남을 예비하시고 사랑으로 맺어주신 하나님의 은혜가 언제나 이 가정에 넘치게 하옵소서. 예수님의 이름으로 기도드립니다. 아멘.

이사

하나님의 사랑으로 마련한 집

사람이 하나님의 주신 바 그 일평생에 먹고 마시며 해 아래서 수고하는 모든 수고 중에서 낙을 누리는 것이 선하고 아름다움을 내가 보았나니 이것이 그의 분복이로다(전 5:18).

임마누엘의 하나님, 저희들이 예배로 모인 이 자리에 위대하신 하나님의 능력이 충만하기를 소망합니다. 이사의 기쁨을 주신 하나님께서 머리를 숙인 저희들에게도 동일한 기쁨을 주실 것을 믿고 감사를 드립니다.

감사의 고백 | 주님의 은혜가 이 가정에 함께하심에 감사드립니다. 성령님께서 이 가정의 사정을 아시고 예비하사 좋은 곳으로 장막을 옮기게 하셨음을 기뻐합니다.
지극히 깊고 크신 사랑과 은혜로 OOO 성도님을 보호해 주시고 오늘의 즐거움을 주셨으니 영광과 찬양을 드립니다.

예배와 설교 | 사랑하는 자녀에게 신실하신 여호와여, OOO 성도님의 즐거움에 함께하면서 예배합니다. 주님께서 의로우신 손을 드시고 새 집을 주셨사오니 모든 만물이 주님의 사랑을 기뻐하여 찬양합니다.
목사님께서 준비하신 말씀을 증거하실 때 하늘의 은혜를 체험하게 하옵소서. 그 말씀이 생명의 양식이 되고 가족에게는 복된 약속이 되기를 원합니다.

축복 | 주님의 자녀들을 축복합니다. 오직 하나님의 말씀으로 가정을 세우기 위해 노력하는 OOO 성도님을 축복합니다. 이 집에서 살아가는 동안 하나님의 일하심을 깨닫는 마음을 주시기를 소망합니다. 주님의 뜻에 순종하고 하나님 앞에 잠잠히 기다리는 은혜를 주옵소서. 하늘 문을 여시고 살아가는데 필요한 모든 것을 공급해 주시기를 기도합니다.

가정을 위한 중보 | 장막을 예비하신 하나님, 주님께서는 구원의 은혜를 주신 날부터 지금까지 이 가족을 인도해 주셨습니다. 택함을 받은 가족이 이 장막에서 복을 받게 하옵소서.
하나님께서 주신 것으로 먹고 마시며, 해 아래서 수고하여 얻은 것으로 낙을 누리는 은혜를 경험하는 가정이 되게 하옵소서. 모든 가족이 주님의 은혜를 찬양하면서 살아가도록 도와주옵소서.

결단의 고백 | 하나님의 사랑으로 마련한 집에서 예배할 때, 장차 저희들이 이사를 갈 천국의 집을 바라보게 하옵소서. 하나님께서 마련해주신 장막에서 예배를 드리며 우리의 참 장막이 하늘에 있음을 소망하게 하옵소서. 예수님의 이름으로 기도드립니다. 아멘.

개업

처음 익은 열매로
여호와를 공경하라

만군의 여호와가 이르노라 너희의 온전한 십일조를 창고에 들여 나의 집에 양식이 있게 하고 그것으로 나를 시험하여 내가 하늘 문을 열고 너희에게 복을 쌓을 곳이 없도록 붓지 아니하나 보라(말 3:10).

인도하시는 하나님, 주님께서 OOO 성도님에게 복을 약속하시고 새로운 일을 하게 하셨으니 찬양을 드립니다. 하나님의 계획하심에 따라 이끌어 주옵소서.

찬양 | 여기까지 OOO 성도님을 인도해 주신 성령님을 찬양합니다. 성령님께서 성도님을 위하여 마련해주신 가게를 통해서 각양 좋은 것들을 받게 하옵소서.
스스로 채우지 아니한 아름다운 집을 얻는 복을 누리게 하옵소서. 파지 아니한 우물도 얻게 하시며, 심지 아니한 포도원도 차지하는 복을 주심을 믿고 찬양을 드립니다.

예배와 설교 | 주 여호와여, 이제껏 베풀어주신 사랑에 감격하여 경배하는 시간이기를 소망합니다. 하나님의 크신 은혜에 감사하며 드리는 예배가 되게 하옵소서. 신령과 진정으로 주님께 영광을 드리고 천사처럼 섬기려는 결심을 하게 하옵소서. 주님의 사랑을 찬송

하며 그 이름을 높이게 하옵소서.

축복 | OOO 성도님에게 주신 사업을 축복합니다. 주의 복을 받는 자가 땅을 차지한다는 약속대로 OOO 성도님에게 많은 것을 허락하시기 원합니다. 다니던 회사에서 성실하게 일하시다가 사업을 시작하셨으니 주님의 영광을 위해서 번창하기를 소망합니다. 함께 일하시는 분들의 손길도 축복합니다.

사업장을 위한 중보 | 자비로우신 하나님, 주님께서 시작하신 이 사업장을 축복합니다. OOO 성도님에게 비전을 주시고 이 일에 헌신하도록 하셨음을 감사드립니다. 그가 밟는 곳을 주시는 은혜가 있기를 소망합니다. 주님께서 문을 열도록 하셨으니 늘 함께 하셔서 번성하게 하옵소서. 이 가게를 당할 곳이 없게 해주시기를 바랍니다. 이 가게를 드나드는 이들에게 복음이 전파되게 하옵소서.

예배자들을 위한 중보 | OOO 성도님의 개업으로 저희들에게 즐거움을 주시니 감사드립니다. 형제의 일을 나의 일처럼 여기는 성도들이 이 사업을 위해 기도하오니 응답해 주옵소서.
주님의 권고하심으로 저희들이 이 사업을 위해서 기도하게 하옵소서. 예수님의 이름으로 기도드립니다. 아멘.

임종

성도가 사모하는 더 나은 본향

저희가 이제는 더 나은 본향을 사모하니 곧 하늘에 있는 것이라 그러므로 하나님이 저희 하나님이라 일컬음 받으심을 부끄러워 아니하시고 저희를 위하여 한 성을 예비하셨느니라(히 11:16).

생명을 주관하시는 여호와여, 한 평생 아름답게 믿음으로 살아오신 권사님의 임종을 지켜주옵소서. 주님의 품에서 죽음을 기다리시는 OOO 권사님께 힘을 주옵소서. 주님을 찬양하면서 병고를 견디어 내게 하심을 감사드립니다.

감사의 고백 | 많은 이들이 자신의 죽음 앞에서 원망하고 불평합니다. 그러나 지금 OOO 권사님은 죽음을 감사함으로 맞이하고 계십니다. 성령님께서 여종의 육체를 지켜주시며 괴로움을 이기게 하셨고, 기도하게 하셨음에 감사드립니다. 고통스러웠으나 불평 없이 인내하셨음을 기억합니다.

예배와 설교 | 존귀하신 하나님, 우리 주님께 겸손히 마음을 모읍니다. 함께할 때 기뻤던 OOO 권사님의 임종예배를 받아주옵소서. 머리를 숙인 저희들 모두가 온전한 마음으로 주님께 경배하기 원합니다. OOO 권사님을 사랑하시는 하나님께 예배를 드리고 크신 권능을 선포하기 원합니다. 가족과 성도들의 예물을 받으시고 복을 내

려 주옵소서.

축복 | 주님을 사랑하고 교회를 위해서 수고를 아끼지 않으신 OOO 권사님을 축복합니다. 이제 자손들과 성도들의 찬양 속에서 하나님 품에 안기기를 기다리고 있습니다. 그렇게 기다렸던 천성을 향한 길에 들어서셨으니 함께 해주옵소서. 주님을 뵙게 될 때 슬기로운 다섯 처녀처럼 기뻐하며 천국으로 들어가기를 소망합니다.

가족을 위한 중보 | 온전케 하시는 여호와여, OOO 권사님은 모두가 사모하는 더 나은 본향으로 가심을 기뻐하는 가족이 되기 원합니다. 그렇게 천국을 사모하시던 권사님을 보내드리는 영광을 누리게 된 가족들에게 은혜를 주옵소서. 어머니의 신앙을 이어받는 자녀들이 되게 하시고, 할머니의 하나님을 주로 고백하는 자손들이 되게 하소서.

결단의 간구 | 언제나 저희들에게 신앙의 도전이 되셨던 OOO 권사님과 헤어질 시간입니다. 권사님의 임종과 장례를 통해서 하늘의 은혜를 맛보게 하옵소서. OOO 권사님의 신앙대열에 서겠다는 결심을 하게 해 주옵소서. 예수님의 이름으로 기도드립니다. 아멘.

입관

천사장의 소리와 하나님의 나팔

주께서 호령과 천사장의 소리와 하나님의 나팔로 친히 하늘로 좇아 강림하시리니 그리스도 안에서 죽은 자들이 먼저 일어나고(살전 4:16).

만물의 창조주 하나님, 오랫동안 저희들과 같이 지냈던 고 OOO 집사님을 기억합니다. 고인이 본향으로 돌아가셨으니 저희 모두가 삶의 진리를 깨달아 하나님은 주시는 분이시며 취하시는 분이심을 잊지 않게 하소서.

감사의 고백 | 흠모할 만한 신앙의 삶을 사셨던 고인과 함께 교제했던 저희들은 행복했습니다. OOO 집사님은 성령님과 동행하기를 즐거워했고, 성령님으로 충만한 종이셨습니다. 그의 헌신과 수고로 말미암아 교회가 크게 부흥하였음에 감사드립니다. 주일학교 교사로 오랫동안 수고하여 어린이들과 청소년들을 기르신 수고를 기억하옵소서.

예배와 설교 | 임마누엘 하나님, 예배를 통해서 이 자리에 있는 이들이 영원한 하늘의 집을 바라보게 하옵소서.
우리의 생명과 모든 것이 다 하나님의 것이요, 우리는 이 모든 것을 주님의 허락하신 날까지 잠시 맡아 다스리는 주님의 청지기입니다. 이 예배를 통하여 영광을 하나님께 드리고 진리를 깨닫게 하옵소서.

말씀으로 저희를 위로하실 목사님께 은총을 더하여 주옵소서.

축복 | 고 OOO 집사님의 가족을 축복합니다. 고인이 주님의 사랑 안에서 자녀들을 훌륭하게 키울 수 있게 하셨으니 감사드립니다. 고인의 자녀들은 부모님을 공경하였습니다.
귀한 자녀들이 믿음의 세계에서만 아니라 세상에서도 남들을 지도하는 위치에 있게 하셨으니 영광을 받으시옵소서.

유족을 위한 중보 | 위로하시는 하나님, 인간적으로는 슬픈 시간이지만 하나님께 대해서는 영광의 시간입니다. 유족들에게 하나님의 뜻을 분별할 수 있는 지혜와 믿음을 더하여 주옵소서. 이 가정에 크신 은혜로 채워 주셔서 슬픔이 변하여 기쁨이 되게 하여 주옵소서.

예배자들을 위한 중보 | 고인과 함께 신앙생활을 하는 중에 하나님이 주신 모든 은혜와 선물을 귀히 간직하게 하옵소서. 고인과 함께 했던 기도와 찬송, 예배의 추억을 기억하게 하옵소서.
저희들도 언젠가 주님께서 찾으실 때 언제나 순종하는 마음으로 하나님께 돌려드릴 수 있는 지혜를 주옵소서. 예수님의 이름으로 기도드립니다. 아멘.

발인

승리의 부활에 참여하는 영광

우리가 살아도 주를 위하여 살고 죽어도 주를 위하여 죽나니 그러므로 사나 죽으나 우리가 주의 것이로라(롬 14:8).

우리 주 여호와여, 하나님 앞에서 사시던 고 OOO 장로님의 영혼을 받아주시니 찬양을 드립니다. 주 앞에 엎드린 저희들이 겸손히 예배드리게 하옵소서. 이 시간에 하늘의 영광과 땅의 위로를 베풀어 주옵소서.

영광의 찬양 | 오늘 소중한 날에 저희들이 머리를 숙였습니다. 이제 고인께서는 하나님의 품에 안기셨습니다.
근심 걱정 없이 주님의 보좌 앞에서 영광을 드리고 계실 것을 믿습니다. 이제 성령님의 충만하심 안에서 빛보다 더 밝은 그곳을 사모하며 발인 예식을 거행하게 하옵소서.

회개-자복 | 죄를 용서하시는 주여, 고 OOO 장로님의 생애를 추억하며 저희들을 돌아봅니다. 여기에 모인 이들 중에 생명의 주권이 주께 있음을 깨닫지 못한 이가 있다면 용서하옵소서.
하나님을 믿으면서도 죄악에서 떠나지 못한 이들을 불쌍히 여겨주옵소서. 범죄하는 이들을 건지시어 생명을 얻게 하옵소서.
예배와 설교 | 하나님의 은혜에 감사하며 진리를 붙잡는 예배가 되

게 하시기를 소망합니다. 이 시간 유족들의 눈물을 씻어 주시고 가슴에 맺힌 아픔을 제하여 주옵소서. 신령한 하나님 나라를 바라보게 하옵소서.
우리가 슬픔 가운데서도 힘을 얻어 예배함은 주님께서 새 하늘과 새 땅을 보여 주셨기 때문입니다. 이 자리에 함께 모인 이들에게 예비하신 나라를 유업으로 받도록 허락하옵소서.

예배자들을 위한 중보 | 생명의 주인이신 하나님, 고인의 죽음을 통해서 의와 진리로 새롭게 하심을 감사드립니다. 고 OOO 장로님의 발인예배에 머리를 숙인 성도들도 주 안에서 잠들 때, 흰옷 입고 주님과 함께 영원한 나라를 소유하게 될 것을 믿습니다. 예수님으로 말미암아 이 모든 것이 응할 때 승리하게 하옵소서.

장래에 대한 고백 | 생명책에 믿는 자들의 이름이 기록되고 승리의 반열에 서게 해 주옵소서. 우리가 세상을 떠날 때에 주 안에서 평강과 복을 얻게 해 주옵소서.
모든 사람이 승리의 부활에 참여할 때 하나님께서 기뻐하시는 자가 되게 해 주옵소서. 예수님의 이름으로 기도드립니다. 아멘.

하관

하나님께 영광, 유족들에게 소망

이기는 자는 이와 같이 흰 옷을 입을 것이요 내가 그 이름을 생명책에서 반드시 흐리지 아니하고 그 이름을 내 아버지 앞과 그 천사들 앞에서 시인하리라(계 3:5).

생명의 주 하나님, 고 OOO 성도님의 영혼을 거두어 주시니 감사를 드립니다. 고인이 천국에 가심으로써 우리 하나님께 영광이 되고 유족들에게는 소망이 되었습니다.

하나님께 영광 | 고 OOO 성도님의 발인예배를 성령님께서 주관하시고 영광을 받으옵소서. 고인이 저희들과 한 지체가 되어 하나님을 섬기게 하셨으니 영광을 드립니다.
성도님은 늘 교회를 중심으로 사셨고 임종하시는 그 순간까지도 하나님의 나라의 일을 생각하셨습니다. 고인의 생애를 통해서 영광을 받으신 주님의 은혜가 저희들에게 임하기를 소망합니다.

예배와 설교 | 여호와 우리 주여, 주님의 보좌 앞에서 예배합니다. 천지 만물이 우리 하나님의 위엄을 찬송하기 원합니다.
이 자리에서 유족과 일가친척들, 성도들 모두가 하나 되어 하나님께 영광과 존귀를 드립니다. 목사님이 기도로 준비하신 하나님의 말씀을 전하실 때 은혜가 충만하게 하소서.

말씀 속에서 저희들 모두가 위로와 격려를 받기 원합니다.

유족을 위한 중보 | 사랑하는 유족을 위해 간구합니다. 함께 살던 이를 먼저 천국으로 보낸 후 슬퍼하는 이들을 주님께서 품어주옵소서. 아파하는 마음을 위로하시고 성령의 은혜로 감싸주옵소서. 그리하여 부르심을 받은 고 OOO 성도님에게 주셨던 은혜를 누리게 하옵소서.

예배자들을 위한 중보 | 자비로우신 하나님, 고인과 함께 삶을 나누었던 지체들을 축복합니다. OO 교회 안에서 성도의 교제를 나누었던 이들이 고인과의 추억을 가슴에 묻습니다.
이제 주의 자비와 보호를 받게 하시고, 영원한 생명의 약속을 기다리다가 영원한 하늘나라에서 기쁜 얼굴로 만나게 하옵소서. 이 땅에서 우리의 잠시 받는 환난이 장차 우리로 하여금 지극히 온전하고 영원한 영광을 얻게 하심인 줄 믿습니다.

부활신앙의 고백 | 우리의 본질은 진토임을 분명히 알고 있습니다. 사람은 들에 핀 백합화 같아서 세월이 지나면 없어져 그 흔적도 찾지 못하게 되지만, 저희들은 부활을 믿고 있습니다.
오늘 발인예배에서 다시 한번 영생을 믿고 부활의 새 아침을 기다리게 하옵소서. 예수님의 이름으로 기도드립니다. 아멘.

갑자기 병에 걸린 경우

하나님이 하시는 일

예수께서 대답하시되 이 사람이나 그 부모의 죄로 인한 것이 아니라 그에게서 하나님이 하시는 일을 나타내고자 하심이라(요 9:3).

사랑으로 우리를 보시는 여호와여, 지금까지 하나님 앞에서 복되게 살아오신 OOO님에게 닥친 어려움을 위해 저희들이 모였습니다. 모두가 놀란 가운데서도 주님의 선하신 뜻이 이루어지기를 소망합니다. 하나님의 은혜를 내려 주옵소서.

가정 | 오늘도 귀한 지체들이 하나님 앞에서 행한 모든 허물을 고백하게 하옵소서. OOO님의 병고로 가족이 절망에 빠지지 않게 도와주옵소서. 서로 사랑하며 어른들에게 순종하게 도와주옵소서.

예배와 설교 | 영광을 받으시는 하나님, 저희들이 하늘의 하나님을 향해서 엎드려 경배하게 하옵소서.
목사님께서 하나님의 말씀을 들려주실 때 위로 받기를 원합니다. 진리로 저희를 새롭게 하옵소서. 아울러 이 시간에 OOO님을 괴롭게 한 병의 근원을 주님의 이름으로 결박하시고 쫓아내 주옵소서.

간구 | 하나님께서는 자기 백성들이 질병으로 고통 받는 것을 원하지 않으시는 분임을 믿습니다.

매인 자를 놓이게 하며, 맹인을 눈뜨게 하고, 상처받은 이들을 자유케 하시는 하나님의 능력이 나타나기 원합니다. 주님의 부드러우신 손으로 OOO님을 만져주시고 일으켜 주옵소서.

깨달음 | 새롭게 하시는 주여, 배 안에서 풍랑을 만났던 요나를 생각하게 합니다. 불순종한 선지자를 풍랑을 통해서 순종의 사람으로 만드셨던 하나님의 은혜가 있기를 소망합니다.
이 상황을 통해서 여호와의 은혜를 누리게 하옵소서. 바다 끝에 가서 거할지라도 주의 손이 인도하시고 주의 오른손이 붙들어 주심을 깨닫는 복된 기회가 되게 하옵소서. 지금은 깨어지는 고통의 시간이지만 새롭게 하시는 은혜를 보게 하옵소서.

축복 | 복을 주시는 여호와여, OOO님이 건강하기를 바라시는 주님의 이름으로 축복합니다. 이 시간에 그가 잃었던 건강을 도로 찾고 즐거워하는 것이 하나님의 뜻임을 믿습니다. 우리가 이 땅에 살면서 질병과 고통을 당할 수 있으나 주님의 은총으로 나음을 믿습니다. 예수님의 이름으로 기도드립니다. 아멘.

5. 찬양, 주중예배
대표기도문

찬양예배, 주중예배 대표기도문 1

주님 앞에 우리의 다짐

"우리를 괴롭게 하신 날수대로와 우리가 화를 당한 연수대로 우리를 기쁘게 하소서"(시 90:15).

찬양 받기에 합당하신 하나님, 이 시간에 우리가 소망과 믿음으로 시작하게 하심을 감사드리며 마음을 다해 찬송합니다.
하지만 이 밤에, 저희들의 죄를 고백하오니 용서해 주시옵소서.
저희들 중에 부정한 입술의 죄를 용서해 주시고, 불순종과 거역했던 일로 괴로워하는 이들의 죄도 용서해 주시옵소서.

거룩한 시간에 천국의 자녀된 성도들이 하나님과의 인격적인 만남을 경험하는 복을 누리기를 간절히 원합니다. 세상을 위하여 일을 하신 하나님의 손길을 찬양하는 복된 예배로 인도해 주옵소서. 말씀을 듣고 단위에 서신 목사님과 함께 하셔서 능력의 말씀을 증거하실 수 있도록 인도해 주시고, 그 말씀이 마음에 새겨져 열매를 맺게 하옵소서. 새 삶을 시작하면서 새 결심으로 새로운 소원을 품게 하시옵소서.

무엇보다도 먼저, 주일 예배를 잘 드리는 성도들이 될 것을 다짐하게 하시옵소서. 여호와 앞에서 좋은 것은 빨리 내 것으로 하고 나쁜 것은 빨리 버리는 은혜를 보여 주시옵소서. 주님을 찬양하도록 우리를 불러 주심에 참으로 감사드립니다. 주님만 높여드리게 하옵소서. 이 모든 말씀을 예수님의 이름으로 기도드립니다. 아멘.

찬양예배, 주중예배 대표기도문 2

예수님을 따르는 삶

"예수께서 이르시되 가라 네 믿음이 너를 구원하였느니라 하시니 그가 곧 보게 되어 예수를 길에서 따르니라"(막 10:52).

높이 계신 주님, 금년에도 온갖 좋은 것으로 만족하게 해주실 여호와를 바라보면서 찬양을 드립니다. 주님을 향한 우리의 찬양이 멈추지 않게 하옵소서. 이 밤에 보혈의 피를 흘리신 주님의 십자가를 바라보니, 회개하지 않고는 견딜 수 없습니다. 죄와 온갖 허물로 말미암은 부끄러움에 그저 우리는 회개의 눈물을 쏟을 수 밖에 없음을 고백합니다. 더러워진 우리를 보혈의 은혜로 머리 끝부터 발 끝까지 새롭게 하옵소서.

신령과 진정으로 예배하는 지금, 이 자리에 모인 무리들에게 경건함과 거룩함으로 예배하게 하옵소서. 이 밤에도 목사님을 세우시고 말씀을 주시니 감사드립니다. 영생의 말씀으로 저희를 변화시켜 주시옵소서. 저희 ○○교회에 속해 있는 모든 이들이 말씀에 의한 은혜로 살기를 원합니다. 그래서 바디매오가 받을 수 있었던 것처럼 불쌍히 여겨주심의 기적을 누리게 하시옵시고 특별히 이 밤에 기도하러 모였으니, 바디매오와 같이 불쌍히 여겨 주시기를 간구하도록 이끌어 주시옵소서.

저희들 각자가 "네 믿음대로 될지어다"라는 주님의 음성을 듣기 원합니다. 기도의 응답을 받는 시간이 되게 하시옵소서.
이 모든 말씀을 예수님의 이름으로 기도드립니다. 아멘.

찬양예배, 주중예배 대표기도문 3

주 안에서 승리

"우리는 낮에 속하였으니 정신을 차리고 믿음과 사랑의 호심경을 붙이고 구원의 소망의 투구를 쓰자"(살전 5:8)

우리의 찬송을 받으시는 하나님, 우리가 이 밤에 모여 경배와 찬양을 드립니다. 이 시간, 여호와 앞에서 잘못된 생각과 마음으로 살아온 죄를 고백합니다. 육신이 약하다는 핑계로, 세상에 죄가 많이 있다는 핑계로 그 죄를 자연스럽게 저지른 행실을 용서해 주시옵소서.

이 복된 자리에서, 저희들에게 새 생명을 주신 여호와를 예배할 때, 신령과 진정으로 예배하게 하옵소서. 주시는 말씀으로 ○○교회의 성도들이 죄에서 떠나기를 소망합니다. 하나님을 깊게 알고, 또한 넓게 배우기 위해서 열심을 내게 하시옵소서. 머리를 숙인 주의 백성들을 산 제물로 받으옵소서. 우리가 주님 앞에 모든 것을 내려놓고 나아갑니다. 우리의 죄악된 허물을 예수님의 보혈의 피로 정결케 하옵소서.

새해의 삶을 시작한 여호와의 백성들에게 도전과 결단의 시간을 주시길 원합니다. 금년에는 ○○교회의 성도 모두가 주 안에서 승리하는 삶의 주인공들이 되게 하시옵소서. 저희들은 일터에서, 아이들은 학교에서 승리하게 하시옵소서. 이를 위해서 이 밤에도 간구의 영을 보내 주시옵시고 우리가 목소리 높여 주를 찬양하게 하옵소서.
이 모든 말씀을 예수님의 이름으로 기도드립니다. 아멘.

찬양예배, 주중예배 대표기도문 4

눈물로 씨를 뿌리며

"더러는 좋은 땅에 떨어지매 어떤 것은 백 배, 어떤 것은 육십 배, 어떤 것은 삼십 배의 결실을 하였느니라"(마 13:8).

할렐루야! 주님을 찬양합니다. 주님 앞에 찬송으로 입술의 열매를 드리니 받으옵소서. 우리의 온 마음을 다하여 주님을 찬양한다고 했지만 분주하기만 했던 저희들입니다. 또한 입술로만 결심하고 다짐하고 행함으로는 아무것도 시작하지 못했음을 용서해 주시옵소서. 우리가 세상을 향해서 하나씩 실천하는 지혜를 주시옵소서.

이 시간 감사로 제사하는 저희들이 되어 여호와의 영광을 인정하게 하옵소서. 하나님의 이름을 높이고, 세세무궁토록 영광을 바치는 시간이 되게 하소서. 저희들에게 생명의 말씀으로 은혜를 내려 주시옵시고 이 밤에 목사님께서 준비하신 말씀을 아멘으로 받으며, 말씀에 순종하고자 하는 다짐이 있도록 우리를 도와주옵소서.
마음을 내어놓고 간구하는 이 시간에, 주님의 음성을 듣게 하시옵소서. 저희들이 부르짖기 전에 하나님의 말씀을 듣게 하시고 그 말씀으로 구하기 원합니다. 하늘에 귀를 기울이게 하시옵소서.
이 밤에도 눈물로 간구할 때, 하늘에 상달됨을 믿습니다. 저희들의 연약함을 아시는 여호와의 은혜로 위로의 응답, 복의 응답이 임하여 30배, 60배, 100배로 이루어주심을 믿고 구하게 하시옵소서.
이 모든 말씀을 예수님의 이름으로 기도드립니다. 아멘.

찬양예배, 주중예배 대표기도문 5

하나님의 은혜

"예수께서 대답하시되 이 사람이나 그 부모의 죄로 인한 것이 아니라 그에게서 하나님이 하시는 일을 나타내고자 하심이라"(요 9:3)

우리의 유일한 사랑이신 하나님, 구별되어 자녀가 된 우리가 하나님께 영광을 드립니다. 마음 다해 주님을 찬양하오니 홀로 영광받으소서. 돌이켜 보건대, 여호와 앞에서 죄를 지은 것이 많으니 저희들의 허물과 죄로 더러워진 양심을 주님의 보혈로 씻어 주옵소서. 알고 지은 죄, 모르고 지은 죄를 깨끗케 하사 맑게 된 영혼을 갖게 하시옵소서.

거룩한 시간에 천국의 자녀 됨을 풍성히 누리면서 하나님과의 인격적인 만남을 경험하는 복을 누리기를 원합니다. 세상을 위하여 일하신 하나님의 손길을 찬양하는 복된 예배로 인도해 주시옵소서. 강단에서 선포되는 말씀을 아멘으로 받게 하시고, 순종을 결단하게 하옵소서. 저희들이 의를 행할 수 있는 진리의 말씀을 반가운 마음으로 청종하게 하시옵소서. 이제, 저희에게 하나님의 은혜로 살아가도록 인도해 주시옵소서. 다른 이들과의 삶에서도 옳고, 그름의 잣대보다는 하나님의 은혜로 바라보게 하시고 주님의 온유하심으로 대하게 하시옵소서.

하나님의 은혜가 천국의 백성이 되게 하시며 여기까지 이끌어 주셨으니, 더욱 은혜를 사모하는 저희들이 되기 원합니다.
이 모든 말씀을 예수님의 이름으로 기도드립니다. 아멘.

찬양예배, 주중예배 대표기도문 6

은혜를 누리며 사는 자

"이 내 아들은 죽었다가 다시 살아났으며 내가 잃었다가 다시 얻었노라 하니 그들이 즐거워하더라"(눅 15:24)

우리의 방패 되시는 여호와여, 주를 찬양함이 우리 인생의 가장 큰 기쁨입니다. 지난 삶 동안에도 지켜주신 은혜를 기억하며, 감사의 찬양을 드리기 원합니다. 그러나 주님의 이름을 부르기 전에 먼저 저희들의 죄를 고백합니다. 하나님의 영광을 가리는 일을 행했음을 용서해 주시옵소서. 우리의 게으름을 용서해 주시옵소서.

오늘도 사랑하는 주님의 자녀들을 은혜의 자리로 불러 주셔서 영과 진리로 예배하게 하시니 영광을 올려드립니다. 베풀어 주시는 놀랍고 풍성한 은혜의 기쁨을 누리는 시간이 되게 하옵소서. 하나님의 사자의 입술에 의해 생명과 진리의 말씀을 듣게 하시옵시고 하나님의 말씀을 깨우쳐서 저희의 심령을 새롭게 하시옵소서.

우리를 돌아볼 때, 저희가 주님께 보여드린 모습은 허물 뿐이었음을 고백합니다. 먹고 사는 일에 매달려 하나님의 뜻을 찾기보다 저희들이 세워놓은 계획에 몰두했었음을 회개합니다. 이 시간 아버지의 집에서 품꾼이 되어도 좋다고 결단하고 아버지께 돌아간 둘째 아들의 은혜를 저희 것으로 삼게 하시옵소서.
이 모든 말씀을 예수님의 이름으로 기도드립니다. 아멘.

찬양예배, 주중예배 대표기도문 7

사자굴에서도 지키시는 하나님

"왕이 심히 기뻐서 명하여 다니엘을 굴에서 올리라 하매 그들이 다니엘을 굴에서 올린즉 그의 몸이 조금도 상하지 아니하였으니 이는 그가 자기의 하나님을 믿음이었더라"(단 6:23)

나의 힘이 되시는 하나님, 기도를 들으시는 아버지께 감사로 찬양합니다. 여호와를 가까이하여 말씀대로 살기를 원하였지만 부끄러운 모습으로 살았음을 고백합니다. 긍휼을 베풀어 주옵소서. 주님의 영광을 가리는 입술의 말과 감정에 따라 했던 행동을 용서해 주시옵소서.

하늘나라에서의 기쁨을 지금 맛보게 하시는 구원의 하나님을 향하여 즐거이 외치는 예배를 드리게 하옵시고 성령님의 충만하심이 있어 춤을 추며 기뻐하는 예배로 영광을 받으옵소서. 이 귀한 시간에, 영생에 이르는 진리를 선포하시는 목사님께 능력을 더하여 주시고 저희들은 기쁨으로 받아 순종하게 하시옵소서.

오늘, 저희들에게 사자들의 입을 봉하셨던 다니엘의 은혜를 보게 하시옵소서. 저희들을 에워싸고, 우는 사자와 같이 삼킬 자를 찾는 마귀의 입을 봉해주시기 원합니다. 의심과 근심으로 흔들고, 각종 염려와 걱정거리로 평안을 빼앗고 있는 사탄의 역사를 물리쳐 주옵소서. 감사와 찬송을 주님께 올려드리오니 홀로 영광 받으옵소서.
이 모든 말씀을 예수님의 이름으로 기도드립니다. 아멘.

찬양예배, 주중예배 대표기도문 8

말씀의 능력

"예수께서 이르시되 일어나 네 자리를 들고 걸어가라 하시니 그 사람이 곧 나아서 자리를 들고 걸어가니라"(요 5:8-9).

만유를 다스리시는 하나님, 이곳에 오셔서 주의 보좌로 임하옵소서. 이 시간 모인 우리는 그 발 아래 무릎을 꿇고 찬양하게 하옵소서. 저희들에게 회개의 은혜를 주셔서 왕의 자녀로 살지 못했던 죄를 고백하게 하옵소서. 하나님의 자녀된 신분으로 세상을 이기지 못하였고, 또한 은혜를 나누지 못했음을 용서하옵시고 주님의 피로 깨끗케 하시옵소서.

이 시간에 하늘의 문이 열려 구원의 은혜와 평강의 복이 넘치게 하신 하나님의 이름에 합당한 영광을 드리는 예배가 되기를 원합니다. 주님의 영으로 충만하여 축제의 기쁨으로 예배하게 하옵소서. 오늘의 말씀을 사모하는 마음으로 받아 흠이 없이 여호와의 법대로 살게 하시옵소서. 낙심되었던 마음이 말씀의 힘으로 용기를 갖게 하시고, 진리를 따르는 중에 하나님의 나라를 바라보기 원합니다. 우리의 눈을 들어 바라보게 하소서.

상한 심령이 치료함을 받고, 낙심된 심령에게는 주님의 다시 일으켜 세워주심을 보게 하시옵소서. 간절히 구하오니 한 사람도 거저 돌아가지 않는 이 시간이 되기 원합니다. 우리의 중심이 주를 찬양하게 하소서. 이 모든 말씀을 예수님의 이름으로 기도드립니다. 아멘.

찬양예배, 주중예배 대표기도문 9

우리를 향하신 하나님의 뜻

"우리가 선을 행하되 낙심하지 말지니 포기하지 아니하면 때가 이르매 거두리라"(갈 6:9).

우리의 주 우리의 하나님, 주의 이름을 높여 찬양합니다. 모든 영광 홀로 받으옵소서. 이 시간에 주님 앞에서 바르게 행하지 못한 죄를 다 내려놓기 원합니다. 여호와께 마음을 두지 못하여 불순종의 자식들처럼 행한 모습을 회개하오니 용서해 주옵소서. 하나님 앞에서 부끄러움을 느끼는 그대로 회개하게 하시고, 죄 사함의 은총을 받게 하시옵소서.

거룩한 시간에 천국의 자녀됨을 풍성히 누리면서 하나님과의 인격적인 만남을 경험하는 복을 누리길 원합니다. 세상을 위하여 일하신 하나님의 손길을 찬양하는 복된 예배로 인도해 주시옵소서. 하나님의 사자의 입술에 의해 생명과 진리의 말씀을 듣게 하시옵소서. 대언되는 하나님의 명령에 순종하여 지키게 하시옵소서.

저희들에게 하나님을 사랑하도록 하셨으니, 합력해서 선을 이루어주심에 소망을 두게 하시옵시고 저희들이 오래 참으면 이루심을 믿으니, 잠시 고난의 길을 간다 해도 소망을 놓지 않게 해 주시옵소서. 여호와를 바라보고, 주님의 뜻을 이루어 드리려는 소망으로 가슴이 뜨거워지게 하시옵소서. 이 백성들을 향하신 하나님의 뜻을 소중히 보게 하시고, 소망을 놓지 않게 하시옵소서.

이 모든 말씀을 예수님의 이름으로 기도드립니다. 아멘.

찬양예배, 주중예배 대표기도문 10

넘치도록 부어주시는 복

"만군의 여호와가 이르노라 너희의 온전한 십일조를 창고에 들여 나의 집에 양식이 있게 하고 그것으로 나를 시험하여 내가 하늘 문을 열고 너희에게 복을 쌓을 곳이 없도록 붓지 아니하나 보라"(말 3:10)

귀를 기울이시는 주여, 권고하심의 은혜 안에서 지내온 저희들의 찬송을 받으옵소서. 주님 앞에 나아와 전심으로 예배합니다. 기뻐 뛰며 주를 찬양합니다. 그러나 이 시간에 죄를 저지른 저희의 모습을 봅니다. 혈기를 일삼으며 살았던 날들을 고백하오니 용서해 주시옵소서.

신령과 진정으로 예배하는 지금, 이 자리에 모인 무리들에게 경건함과 거룩함으로 예배하게 하옵소서. 생각과 마음을 모아서 여호와를 경외함으로 예배하는 저희들이 되게 하옵소서. 목사님께서 준비하신 말씀을 전하실 때, 새롭게 깨닫는 천국의 법도가 되기를 소망합니다. 저희들이 평생에 지키고 따를 생명의 약속이 되게 하시옵소서.

하나님 아버지, 이 밤에 우리가 간구하오니 천국의 문을 열게 하시옵소서. 물질의 복과 하는 일마다 형통을 약속한 열쇠의 열림을 보게 하시옵소서. 쌓을 곳이 없도록 부어주신다고 하신 약속을 믿고 구하는 복된 시간이 되기를 원합니다. 저희들이 하나님의 도우심을 믿고 구할 때, 흔들어 누르고 차고 넘치도록 받음을 믿게 하시옵소서.
이 모든 말씀을 예수님의 이름으로 기도드립니다. 아멘.

찬양예배, 주중예배 대표기도문 11

적을 무찔러 주시는 하나님

"여호수아가 칼날로 아말렉과 그 백성을 쳐서 무찌르니라"(출 17:13).

도움과 방패의 하나님, 여호와의 이름이 온 땅에 아름다우니 우리가 찬양합니다. 우리의 찬양이 주님 앞에 향기로운 제물이 되게 하소서.
주님의 이름으로 머리를 숙일 때, 먼저 죄를 고백하게 합니다. 마땅히 청지기로 살아야 했던 삶이 죄와 허물로 더렵혀진 것을 봅니다. 용서해 주시옵소서. 시간과 물질, 사람들과의 관계에서 청지기의 위치를 잃고 자고하게 지냈습니다. 사유하시는 은혜의 옷을 입혀 주시옵소서.

지금 생명과 빛으로 오신 주님을 즐거워하면서 예배의 자리로 나아가기 원합니다. 신령과 진정으로 예배하게 하시고, 머리를 숙인 자녀들을 산 제물로 받으옵소서. 하나님께서 귀하게 사용하시는 목사님을 단에 세우셨으니, 그의 목소리를 청종하게 하시옵소서. 모든 주님의 백성들이 하나님의 말씀을 듣는 일에 성실하게 하시옵소서. 이 밤에 ○○교회의 지체들이 하나가 되기 원합니다. 저희들을 공격해 오는 세력의 무너뜨림을 놓고 한 마음으로 기도하게 하시옵소서.
저희들의 복된 삶을 위하여 온 성도가 하나되어 간구하게 하시옵소서. 아론과 훌이 피곤한 모세의 손을 받드는 일을 했던 은혜를 보게 하시옵소서. 교회의 부흥과 불신자들의 영혼을 구하는 일에 전 성도들이 함께하게 하옵소서.
이 모든 말씀을 예수님의 이름으로 기도드립니다. 아멘.

찬양예배, 주중예배 대표기도문 12

생명의 복음

"사울은 힘을 더 얻어 예수를 그리스도라 증언하여 다메섹에 사는 유대인들을 당혹하게 하니라"(행 9:22).

영광을 하늘에 두신 여호와여, 주님의 이름을 묵상할 때 그 이름이 향기로워 송축합니다. 우리가 주를 찬송할 때, 영광을 받으옵소서. 우리의 삶을 다하여 주를 찬양하기 원합니다. 그러나 이 밤에 그 이름의 향기로움을 땅끝까지 전해야 했지만 사는 일로 분주해서 전하지 못한 죄를 용서해 주옵소서.

오직 마음을 다 드리는 지금, 감사로 제사하는 저희들이 되어 여호와의 영광을 인정하게 하시옵소서. 하나님의 이름을 높이고, 세세무궁토록 영광을 바치는 시간이 되게 하시옵소서. 오늘 하나님의 말씀을 들음은 정녕 저희들에게 복입니다. 오묘하신 말씀이 저희들에게 기도가 되고, 노래가 되게 하시옵소서. 이 밤에도 저희들에게 죽어가는 이들의 생명을 보게 하시옵소서. 하나님께서 구원하시려고 작정하신 영혼들을 보게 하시옵소서. 죄와 저주의 사슬에 매여 신음하고 있는 불신자들의 안타까움을 보게 하시옵시고 그들을 구하시려는 하나님의 마음을 알게 하시옵소서. 저희들에게 입을 열어 한 영혼을 구하기 위한 간구를 하게 하시옵소서. 생명의 복음을 전하는 일을 제일 위에 두는 저희들이 되게 하시고, 교회에는 언제나 새신자들이 있게 해 주시옵소서.
이 모든 말씀을 예수님의 이름으로 기도드립니다. 아멘.

찬양예배, 주중예배 대표기도문 13

큰 일을 이루시는 주

"여호와께서 우리를 위하여 큰 일을 행하셨으니 우리는 기쁘도다"(시 126:3)

영원한 찬양되시는 하나님, 거룩하신 여호와께 마땅히 찬양으로 영광을 드립니다. 저희들의 지난 시간에서 맡겨진 사명을 다하지 못했던 삶을 회개합니다. 하나님을 기쁘시게 하는 소망에 따라 행하도록 하셨으나 순종하지 못한 죄를 용서해 주옵소서. 때로는 자신의 양심을 속이고, 사람 앞에서 보이도록 행한 일들도 있으니 용서해 주시옵소서.

이 복된 자리에서, 저희들에게 새 생명을 주신 여호와를 예배할 때, 신령과 진정으로 예배하게 하시옵소서. 구원의 하나님께 예배드림이 마음을 다하고, 뜻을 다하는 생명의 축제가 되게 하옵소서. 강단에서 흘러나오는 은혜의 말씀으로 위로를 받기 원합니다. 죄로 말미암아 상하게 된 심령을 고쳐주시고, 용서하시옵소서.
오늘 밤에도 저희들에게 하나님의 일에 대한 소망과 열심을 주시옵소서. 어려운 환경에서도 울며 씨를 뿌리는 은혜를 보게 하시옵시고 그 은혜로 씨를 뿌릴 때, 기쁨의 단을 거둘 줄 믿습니다.

저희들을 위해서 큰 일을 이루시는 하나님을 바라봅니다. 이 밤의 간구에 응답하셔서, 저희들에게 나타날 은혜를 기다리게 하시옵소서. 우리의 유일한 사랑되신 주님을 찬양합니다.
이 모든 말씀을 예수님의 이름으로 기도드립니다. 아멘.

찬양예배, 주중예배 대표기도문 14

말씀으로 위로하시는 하나님

"내가 만일 그렇게 하면 이런 일이 있으리라 한 성경이 어떻게 이루어지겠느냐 하시더라"(마 26:54).

천지를 지으신 여호와여, 무엇으로도 갚을 수 없는 하나님의 사랑을 생각할 때, 찬송을 드릴 뿐입니다. 우리의 입술을 열어 주를 찬양하오니 받아주옵소서.
주일을 보낸 후 저희들의 모습을 내어 놓습니다. 저희들의 행함의 죄를 강시에 주시옵소서. 연약함 때문에 서지를 수밖에 없었던 죄를 씻어 주시고, 저희들에게는 새로움의 용기를 지니게 하시옵소서.

오늘도 사랑하는 주의 자녀들을 은혜의 자리로 불러 주셔서 영과 진리로 예배하게 하셨으니 영광을 드립니다. 베풀어 주시는 신령한 식탁으로 인해 천국 잔치의 기쁨을 누리는 시간이 되게 하옵소서. 하나님의 말씀으로 저희를 새롭게 하시고, 진리의 말씀에 순종함으로써 의를 이루게 하시옵소서.

오늘도 강단에서 선포되는 말씀으로 간구하는 심령들이 되기 원합니다. 그 말씀을 생명의 진리로 받아 저희들을 세우고, 순종하게 하시옵소서. 지금 부딪치는 환경이 고달프고 어렵다해도 하나님의 말씀으로 위로를 받게 하시옵소서. 주님께서 말씀하시니 힘을 얻습니다. 주님의 말씀으로 고난도 담대하게 부딪치게 하시옵소서.
이 모든 말씀을 예수님의 이름으로 기도드립니다. 아멘.

찬양예배, 주중예배 대표기도문 15

온전한 믿음

"또 약속하신 이는 미쁘시니 우리가 믿는 도리의 소망을 움직이지 말며 굳게 잡고"(히 10:23).

하늘에 계신 하나님, 자비로우심이 영원하신 아버지의 이름을 높여 드립니다. 이 시간 저희를 죄악이 관영한 곳에 머물지 않게 하심을 감사드립니다. 주님의 사랑은 측량할 수 없으신데, 저희는 죄짓는 생활 뿐이었습니다. 모든 죄를 주님의 피로 씻어 주시옵소서.

하늘나라에서의 기쁨을 지금 맛보게 하시는 구원의 하나님을 향하여 즐거이 외치는 예배를 드리게 하옵소서. 성령님의 충만하심이 있어 춤을 추며 기뻐하는 예배로 영광을 받으옵소서. 이 시간에 말씀과 함께하는 은혜를 나타내 주시옵소서. 그 은혜가 임하여 저희들이 말씀 안에서 살아갈 것을 믿습니다.

간구할 때, 소망을 잃지 않고 굳게 잡도록 인도해 주시옵소서. 천국을 바라보고 하나님의 인도하심을 바라는 소망을 갖기 원합니다. 믿음을 지키고 사는 것이 때로는 어렵고 힘들기도 하지만 소망으로 이기게 하옵소서. 예수님을 믿어 희망을 갖게 해주셨음에 감사합니다. 어떠한 상황 속에서도 어떤 장애가 생겨도 굴복하지 않고 처음 가졌던 소망을 끝까지 가지고 있게 하시고 어느 때에든지 주를 찬양하게 하옵소서.
이 모든 말씀을 예수님의 이름으로 기도드립니다. 아멘.

찬양예배, 주중예배 대표기도문 16

영원한 소망을 주신 예수님

"여자들이 몹시 놀라 떨며 나와 무덤에서 도망하고 무서워하여 아무에게 아무 말도 하지 못하더라"(막 16:8).

평안으로 이끄시는 하나님, 끝없는 그 사랑으로 우리를 날마다 새롭게 하신 여호와께 찬양을 드립니다. 주님을 찬양함이 우리 인생에 가장 큰 기쁨입니다. 그러나 이 시간, 저희들의 믿음이 없음을 고백합니다. 부활신앙으로 살아야 했건만, 주님의 부활을 잊고 지낸 시간들이 많았음을 용서해 주시옵소서. 부활하신 주님을 바라보기 보다 눈 앞에 놓여진 상황에 급급했던 모습들을 용서하여 주옵소서.

이 시간 하늘의 문이 열려 구원의 은혜와 평강의 복이 넘치게 하신 하나님의 이름에 합당한 영광을 드리는 예배가 되게 하시옵시고 주의 영으로 충만하여 축제의 기쁨으로 예배하게 하시옵소서.

저희들이 기도할 때 죽음의 권세가 물러가는 것을 보기 원합니다. 사탄은 어둠을 가져왔으나, 이 어둠이 변하여 광명으로 바뀔 줄 믿습니다. 또한 절망은 변해서 희망으로 변할 줄 믿습니다. 주님의 부활로 말미암은 생명의 권세를 누리게 하시옵소서. 저희들의 삶이 소망으로 바뀔 줄을 믿습니다. 기도로 인한 소망, 찬양으로 말미암은 소망, 말씀이 주는 담대한 소망으로 일어나는 은혜를 주시옵소서.
이 모든 말씀을 예수님의 이름으로 기도드립니다. 아멘.

찬양예배, 주중예배 대표기도문 17

주의 말씀을 갈망하는 자

"두 사람도 길에서 된 일과 예수께서 떡을 떼심으로 자기들에게 알려지신 것을 말하더라(눅 24:35)

환난을 면케 하시는 여호와여, 측량할 수 없는 은혜를 베풀어 주심에 감사드립니다. 이 시간, 우리의 입술을 열어 주를 찬양하오니 받아주옵소서. 이 밤에 저희들을 돌아보며 부끄러운 고백을 합니다. 하나님의 영광을 위해 살아오지 못했음을 용서해 주옵소서. 교회를 통해서, 이웃을 향해서 주님의 영광을 구하는데 힘을 다하지 못한 죄를 용서해 주시옵소서.

거룩한 시간에 천국의 자녀 됨을 풍성히 누리면서 하나님과의 인격적인 만남을 경험하는 복을 누리게 하시옵소서. 세상을 위하여 일을 하신 하나님의 손길을 찬양하는 복된 예배로 인도해 주옵소서. 하나님의 말씀을 구하기에 헐떡이는 마음을 주시옵소서. 마음으로 귀를 기울여 말씀을 들을 때, 영안이 열려 진리를 보게 하시옵소서.

이 밤에, 저희들에게 부활 신앙을 확실히 갖게 하시옵소서. 주님께서 죽음을 이기시고, 저주를 물리치셨던 그 능력이 저희들에게 있음을 믿고 담대하게 하시옵소서. 그 믿음으로 세상을 이기는 저희가 되도록 이끌어 주시옵소서. 영생의 말씀이 저희들 각자를 부활 신앙으로 굳게 하시옵소서.
이 모든 말씀을 예수님의 이름으로 기도드립니다. 아멘.

찬양예배, 주중예배 대표기도문 18

믿음의 승리

"이는 내게 사는 것이 그리스도니 죽는 것도 유익함이라"(빌 1:21)

우리의 피할 반석되시는 하나님, 영원토록 주님의 이름을 찬양하게 하옵소서. 우리 평생의 소원은 영원히 주를 찬양하는 것입니다. 그러나 주님의 이름을 찬양하려 할 때에 죄가 저희들을 용납하지 못하게 하오니 성령님의 은혜로 저희들이 죄를 낱낱이 고백하게 하옵소서. 정결케 하시는 여호와의 은혜를 보게 하시옵소서.

신령과 진정으로 예배하는 지금, 이 자리에 모인 무리들에게 경건함과 거룩함으로 예배하게 하시옵소서. 생각과 마음을 모아서 여호와를 경외함으로 예배하는 저희들이 되게 하시옵소서. 이 시간에 저희들의 마음이 주님의 말씀으로 향하게 하시옵소서. 세상의 헛된 것들에 팔려 있던 눈을 돌려 선포되는 말씀의 진리를 보게 하시옵소서.
여호와 우리 주여, 이 밤에 각양각색의 모양으로 위기를 만난 성도들에게 은혜를 내려 주시옵소서. 개인적으로, 가정에, 직장에 위기가 닥쳐왔지만 바울처럼 굳건히 서서, 믿음으로 이겨내는 성도들이 되게 하시옵소서.
내게 능력 주시는 자 안에서 내가 모든 것을 할 수 있다고 말씀하셨으니, 이 시간에도 하나님의 도우심을 바라보게 하시옵소서. 절망을 거부하고 믿음의 승리를 바라보고 살아가도록 하시옵소서.
이 모든 말씀을 예수님의 이름으로 기도드립니다. 아멘.

찬양예배, 주중예배 대표기도문 19

하나님께 맡기고 의뢰하는 삶

"마땅히 행할 길을 아이에게 가르치라 그리하면 늙어도 그것을 떠나지 아니하리라"(잠 22:6)

우리의 편이 되시는 여호와여, 이 밤에 하나님의 영광이 온누리에 가득히 내려오기를 소망합니다. 또한 주의 얼굴을 갈망하며 이 시간 우리의 목소리 높여 주를 찬양하오니 홀로 영광 받아주옵소서. 이 시간에 먼저 죄를 회개합니다. 저희들은 어리석어서 죄를 짓고도 모름을 용서해 주시옵소서. 죄를 고백하오니 저희들이 새롭게 되는 날이 주 앞으로부터 이르기 원합니다.
생명과 빛으로 오신 주님을 즐거워하면서 예배의 자리로 나아가기 원합니다. 신령과 진정으로 예배하게 하시고, 머리를 숙인 주의 자녀들을 산 제물로 받으옵소서.

저희들에게 하나님의 어린 생명들을 맡겨주셨으니, 좋은 부모가 되도록 도와주시옵소서. 육신적으로는 저희의 자녀이지만, 신령한 의미에서 하나님의 자녀이니 유모와 같은 마음을 주시옵소서. 귀한 아이들을 하나님 백성으로 키워내게 하시옵소서.

하나님 앞에서 아이들을 키우는 동안에 눈물의 기도를 쉬지 않게 하시옵소서. 천국의 백성이며, 하나님의 자녀라는 것을 가르치기 원합니다. 자신의 장래를 하나님께 맡기는 자녀들이 되게 하시옵소서.
이 모든 말씀을 예수님의 이름으로 기도드립니다. 아멘.

찬양예배, 주중예배 대표기도문 20

부모에게 순종하라

"자녀들아 주 안에서 너희 부모에게 순종하라 이것이 옳으니라"(엡 6:1).

언제나 동일하신 하나님, 찬송과 존귀로 주님을 높여 드립니다. 우리의 입술에 주를 향한 찬양이 끊이지 않게 하소서. 부모님의 수고로운 손길로 저희들이 오늘을 살고 있음에 감사드립니다. 그런데, 저희들 자신은 부모님의 은혜를 잊었고, 자녀들에게 수고를 다하지 못하고 있으니 용서하여 주시옵소서. 오직 마음을 다 드리는 지금, 감사로 제사하는 저희들이 되어 여호와의 영광을 인정하게 하시옵소서. 하나님의 이름을 높이고, 세세무궁토록 영광을 바치는 시간이 되게 하시옵소서.

오늘도 단에 서신 목사님에 의해 주시는 진리의 말씀이 언제나 저희들의 입에서 떠나지 않게 하시옵시고 삶의 모든 희망을 그 말씀에 두게 하옵소서. 우리가 주의 말씀을 사모함으로 나아갑니다. 우리의 갈급한 마음에 단비를 내려주옵소서.

우리가 부모님에게 효도를 다하게 하시옵소서. 부모님으로 인해서 저희들이 있고, 그분들의 은혜로 성장했음에 감사하게 하시옵소서. 저희들이 섬겨야 할 부모님을 주 안에서 살아계실 때 공경하도록 하시옵소서. 부모를 공경하는 삶을 통해서 약속하신 복을 누리는 저희들이 되기 원합니다. "너 낳은 아비에게 청종하고 네 늙은 어미를 경히 여기지 말찌니라"는 말씀을 이루게 하시옵소서.

이 모든 말씀을 예수님의 이름으로 기도드립니다. 아멘.

찬양예배, 주중예배 대표기도문 21

마지막 때를 이기는 지혜

"경건의 모양은 있으나 경건의 능력은 부인하니 이같은 자들에게서 네가 돌아서라"(딤후 3:5).

만유를 다스리시는 하나님, 주의 이름을 송축합니다. 높임 받아주옵시고 이 시간 주를 향한 감사의 노래를 기뻐 받으옵소서. 믿음의 향유가 담긴 옥합을 깨뜨리는 심정으로 나왔습니다. 지금, 회개의 영이 임하여 지은 죄를 고백하게 하시옵소서. 세상 가운데 빛으로 살아야 하는 우리가 그 역할을 온전히 감당하지 못했음을 용서하옵소서.

거룩한 시간에 천국의 자녀 됨을 풍성히 누리면서 하나님과의 인격적인 만남을 경험하는 복을 누리길 원합니다. 세상을 위하여 일하신 하나님의 손길을 찬양하는 복된 예배로 인도해 주시옵소서. 목사님께서 들려주시는 말씀을 참으로 귀하게 여겨 사랑하기를 소망합니다. 온 성도들과 ○○교회가 그 교훈을 따름으로써 하나님께 영광을 드리게 하시옵소서. 말세의 때가 되어 심판의 시기가 다가오는 지금, 영적인 잠에서 깨어나게 하옵소서. 말씀에 귀를 기울이고 기도하여 영적인 신앙인이 되도록 이끌어 주옵소서. 성령의 충만함을 소원합니다.

기도로 근신하고 시험에 들지 않도록 인도해 주시고 세속적이고 유혹적인 음란과 호색에서 돌이켜 거룩하게 살기에 힘을 쓰게 하옵소서. 그리스도로 옷 입고, 전도의 사명을 감당하게 하옵소서.

이 모든 말씀을 예수님의 이름으로 기도드립니다. 아멘.

찬양예배, 주중예배 대표기도문 22

값없이 부어주시는 은혜

"병든 자를 고치며 죽은 자를 살리며 나병환자를 깨끗하게 하며 귀신을 쫓아내되 너희가 거저 받았으니 거저 주라"(마 10:8).

지극히 높으신 하나님, 존귀하신 여호와께 영광을 드리는 이 시간이 되기를 소망합니다. 우리의 입술을 열어 주를 찬양하오니 받아주소서. 또한 하나님의 은총을 구하며 죄를 회개합니다. 저희의 심령 속에는 주님 밖에는 누구에게도 말할 수 없는 죄의 문제가 있으니 용서하옵소서.

오늘도 사랑하는 주님의 자녀들을 은혜의 자리로 불러 주셔서 영과 진리로 예배하게 하셨으니 영광을 드립니다. 베풀어 주시는 은혜를 풍성히 누리는 시간이 되게 하옵소서. 이 밤에 선포되는 말씀을 한 마디도 빼놓지 않고 다 지켜 행할 수 있도록 은혜를 내려 주시옵시고 그것을 충실히 지켜 하나님의 자녀로서 영화롭게 살게 하시옵소서.

이 시간 기도하는 중에 하나님의 저희들을 향하신 뜻에 대하여 깨닫게 하시옵소서. 열 두 제자를 부르셔서 더러운 귀신을 쫓아내시며 모든 병과 모든 약한 것을 고치는 권능을 주셨음을 믿습니다. 그리고 저희들에게는 권세와 능력이 주어진 것을 확신합니다. 모든 병과 모든 약한 것을 고치는 권능을 행사하게 하시옵소서. 병이 든 지체들을 위해서 기도하게 하시고, 연약한 이들이 강해지도록 기도하는 저희들이 되게 하시옵소서.

이 모든 말씀을 예수님의 이름으로 기도드립니다. 아멘.

찬양예배, 주중예배 대표기도문 23

축복하시는 하나님

"히스기야와 방백들이 와서 쌓인 더미들을 보고 여호와를 송축하고 그의 백성 이스라엘을 위하여 축복하니라"(대하 31:8).

우리의 기도에 귀를 기울이시는 주여, 언제나 불꽃같은 눈동자로 지켜 주시는 은혜에 감사드립니다. 또한 주님을 찬양할 수 있는 은혜를 허락하심에 감사합니다. 그러나 저희들은 지난 시간, 세상에 살면서 주님을 기쁘시게 하지 못하고, 저희들의 육신을 위하여 이기적인 욕망과 많은 죄악에서 살아왔습니다. 저희들의 회개를 들어주시고 용서해 주소서. 결단함으로 죄를 거절하며 살 수 있는 믿음의 용기를 주시옵소서.

이 복된 자리에서, 저희들에게 생명을 주신 여호와를 예배할 때, 신령과 진정으로 예배하게 하시옵소서. 구원의 하나님께 예배드림이 마음을 다하고, 뜻을 다하는 생명의 축제가 되게 하옵소서. 저희들을 위하여 생명의 말씀을 주시니 감사드립니다. 선포하시는 말씀을 한 마디의 버림도 없이 다 지켜서 행할 수 있도록 은혜를 내려 주시옵소서.

이 밤에 기도할 때 헌신에 대한 은혜를 주시옵소서. 하나님께 드리는 헌금에 즐거워하는 마음을 갖기 원합니다. 헌금을 준비할 때, 인색함으로 드리려 하지 않게 하시옵시고 하나님의 것을 하나님께 돌려 드리는데 정직한 저희들이 되게 하시옵소서.
이 모든 말씀을 예수님의 이름으로 기도드립니다. 아멘.

찬양예배, 주중예배 대표기도문 24

이 민족을 지키시고
보호하시는 하나님

"나를 지으신 하나님은 어디 계시냐고 하며 밤에 노래를 주시는 자가 어디 계시냐고 말하는 자가 없구나"(욥 35:10)

우리의 도움과 방패되신 하나님, 간구하러 주께 나온 지금, 찬양으로 영광을 올려드립니다. 저희들이 주님의 이름을 찬송할 때, 회개의 영으로 충만하게 하시옵소서. 하나님을 사랑한다고 하면서도 사랑을 나타내지 못했던 삶을 고백합니다. 하나님을 최우선의 자리로 모시지 않고, 연약한 이웃들을 섬기지 못한 죄를 용서해 주시옵소서.

신령과 진정으로 예배하는 지금, 이 자리에 모인 무리들에게 경건함과 거룩함으로 예배하게 하시옵소서. 목사님께서 하나님의 말씀을 대언하실 때, 그 말씀을 묵상하게 하옵소서. 부족한 저희들을 위해서 가르치시는 말씀에 신중하게 하시옵소서.

나라를 세우시고 지키시는 하나님, 이 민족 모두의 가슴을 사랑으로 채워주시길 원합니다. 서로가 사람다운 길에 설 수 있도록 위로하며 권면하도록 도와주시옵소서. 스스로 겸손의 띠로 허리를 동이고 복음의 신발을 신어 화해와 평화의 사도가 되게 하시옵소서. 이 강산의 백성들이 주님으로 인하여 살도록 회개의 영을 부어 주시옵소서.
이 모든 말씀을 예수님의 이름으로 기도드립니다. 아멘.

찬양예배, 주중예배 대표기도문 25

네 신을 벗으라

"하나님이 이르시되 이리로 가까이 오지 말라 네가 선 곳은 거룩한 땅이니 네 발에서 신을 벗으라"(출 3:5)

영광을 하늘에 두신 여호와여, 기뻐 뛰며 하나님의 영화로우심을 찬송합니다. 주를 향한 우리의 사랑을 목소리 높여 찬양하오니 받아주소서. 이 시간에 빛과 소금으로의 삶의 사명을 감당하지 못했음을 용서해 주옵소서. 저희들의 태만했던 행실을 용서하시고, 거룩한 삶을 향하여 결단을 하게 하옵소서. 주님의 피로 씻음 받고, 새 힘을 얻기 원합니다.

하늘나라에서의 기쁨을 지금 맛보게 하시는 구원의 하나님을 향하여 즐거이 외치는 예배를 드리게 하시옵소서. 오늘의 말씀으로 저희를 새롭게 지어 주시기를 소망합니다. 간절히 사모하는 중에 구원의 은혜를 맛보게 하시옵소서.

자기 백성과 함께 하시는 하나님, 저희에게 여호와를 주목하면서 살도록 하시옵소서. 저희들의 삶에서 하나님의 일하심이 드러나고, 성령님께 순종하는 도구의 삶이 되게 하옵소서. 하나님께서 정녕 저희들과 함께하심을 믿습니다. 이제, 육신의 신을 벗게 하시옵소서. 옛사람의 신도 벗게 하시옵소서. 인간의 신을 벗고, 여호와의 인도하심 안으로 자신을 맡기는 저희들이 되게 하시옵소서.
이 모든 말씀을 예수님의 이름으로 기도드립니다. 아멘.

찬양예배, 주중예배 대표기도문 26

우리에게 행하심을 알리라

"너희는 여호와께 감사하며 그의 이름을 불러 아뢰며 그가 행하신 일을 만민 중에 알릴지어다"(대상 16:8).

영원한 찬송의 하나님, 전심으로 주를 찬양합니다. 저희의 죄를 제거해 주시고 자비로써 저희들 마음에 성령의 불을 붙이어 주시옵소서. 그리하여 돌 같은 마음에 새로운 마음을 허락해 주시옵소서. 기쁜 마음으로 주님을 따르며 즐거워 할 수 있는 귀한 믿음을 주시옵소서.

이 시간에 하늘의 문이 열려 구원의 은혜와 평강의 복이 넘치게 하신 하나님의 이름에 합당한 영광을 드리는 예배가 되게 하옵소서. 주의 말씀을 사모하며 나아왔습니다. 목사님께서 말씀하실 때, 그 명령에 순종하고 하나님의 은혜를 구하게 하옵소서. 저희를 죄악의 구덩이에서 끌어내시는 주님의 말씀으로 바라게 하옵소서. 저희들이 거두어들인 것을 생각할 때, 여호와의 이름을 온 열방 가운데 알리고 싶습니다. 우리를 사용하여 주옵소서. 저희들에게 내려주신 은혜가 크심에 영광 올려드립니다. 오직 하나님의 이름만을 높이는 시간이 되게 하시옵시고 홀로 영광 받아주옵소서.

하나님의 자비하심으로 살아온 날들을 돌아볼 때에, 감격하지 않을 수 없습니다. 저희들이 받은 것들이 심히 많으니 그 중에서 일부를 거룩하게 떼어 감사로 예배하게 하여 주시옵소서.

이 모든 말씀을 예수님의 이름으로 기도드립니다. 아멘.

찬양예배, 주중예배 대표기도문 27

창조의 하나님

"하나님이 그가 하시던 일을 일곱째 날에 마치시니 그가 하시던 모든 일을 그치고 일곱째 날에 안식하시니라"(창 2:2)

천지를 지으신 여호와여, 주의 영화로우심을 찬양합니다. 주님의 높고 위대하심으로 목소리 높여 찬양합니다. 우리의 찬양을 받아주소서. 이 시간, 주님께 기도하며 자복할 수 있는 은혜를 간절히 원합니다. 하나님의 영광을 가릴 만한 죄들을 회개하게 하시며, 용서하심의 은혜로 새롭게 하시옵소서. 이제 저희가 지은 모든 죄를 고백하고 뉘우치오니 용서해 주옵소서.

생명과 빛으로 오신 주님을 즐거워하면서 예배의 자리로 나아가기 원합니다. 신령과 진정으로 예배하게 하시고, 머리를 숙인 주의 백성들을 산 제물로 받으옵소서. 오늘도 예배 중에 하나님께 집중하게 하시고 말씀에 마음을 모으게 하옵소서.

이 교회를 위해 귀한 주의 종을 보내셨사오니 목사님의 말씀에 귀를 모으게 하시옵소서. 하나님 아버지, 저희들에게 어려운 밤의 시간이 닥쳐왔지만 하나님의 손길을 바라보게 하시옵소서. 바울과 실라와 같이 밤중에도 찬송할 수 있는 은혜로 인도해 주시옵소서. 구원하시는 여호와를 소망하게 하시옵소서. 견디기 힘든 밤의 시간이지만, 주님께서 함께 해주심에 찬송을 통하여 소망으로 나아가게 하시옵소서.

이 모든 말씀을 예수님의 이름으로 기도드립니다. 아멘.

찬양예배, 주중예배 대표기도문 28

자원하여 드리는 예물

"네 하나님 여호와 앞에 칠칠절을 지키되 네 하나님 여호와께서 네게 복을 주신 대로 네 힘을 헤아려 자원하는 예물을 드리고"(신 16:10)

하늘에 계신 하나님, 마음을 모아 목소리를 높여 우리 주님의 이름을 찬송합니다. 그러나 이 시간에 저희들의 모습을 돌아볼 때, 주님의 이름을 찬송하기에 합당치 않았음을 회개합니다. 도를 행하는 삶을 살기보다는 듣기만 해서 자신을 속이는 데 지나지 않았던 죄를 용서해 주옵시고 감사하는 생활로 찬송의 은혜를 누리게 하시옵소서.

오직 마음을 다 드리는 지금, 감사로 제사하는 저희들이 되어 여호와의 영광을 인정하게 하옵소서. 하나님의 이름을 높이고, 세세무궁토록 영광을 바치는 시간이 되게 하시옵소서. 이 시간에 목마른 사슴이 물을 찾는 심정으로 말씀을 사모하게 하시옵소서.

이 밤에도 하나님의 뜻은 범사에 감사하며 하나님의 뜻을 이루어드리는 간구를 하게 하시옵소서. 지금까지 생명을 허락하신 것과 가정을 주신 것, 일할 수 있는 재능과 재물 주신 것에 감사합니다. 힘을 다하여 감사하는 성도들에게 더욱 감사가 풍성케 하옵소서. 베풀어 주신 은혜에 자원하여 예물을 드리고, 봉사하여 주님을 송축하기 원합니다. 기쁨으로 감사하는 저희들이 되게 하시옵소서.
이 모든 말씀을 예수님의 이름으로 기도드립니다. 아멘.

찬양예배, 주중예배 대표기도문 29

여호와 이레

"아브라함이 그 땅 이름을 여호와 이레라 하였으므로 오늘날까지 사람들이 이르기를 여호와의 산에서 준비되리라 하더라"(창 22:14)

우리를 평안으로 이끄시는 하나님, 지금도 살아계셔서 시온의 백성들을 보호해 주셨음에 감사드립니다. 주님을 향한 감사의 마음을 담아 전심으로 주를 찬양하오니 기뻐 받아 주옵소서. 그러나 지난 몇 날 동안에도 여호와 앞에서 부끄럽게 지냈던 모습이 많으니 용서해 주옵소서.

거룩한 시간에 천국의 자녀 됨을 풍성히 누리면서 하나님과의 인격적인 만남을 경험하는 복을 누리게 하시옵소서. 세상을 위하여 일을 하신 하나님의 손길을 찬양하는 복된 예배로 인도해 주시옵소서. 우리 교회에는 말씀에 순종하는 보배로운 전통이 있음을 즐거워합니다. 오늘도 하나님의 사자가 강단에서 말씀을 전하실 때, 온전히 주의 말씀으로 듣기를 원합니다.

앞날을 준비해 주시는 여호와여, 언제나 우리보다 앞서 준비해 놓으시고 그것을 믿기만 하면 우리에게 주심에 감사합니다. 하나님을 사랑하는 자에게 미리 대책을 세워 주시는 자비하심이 오늘, 저희들의 것이 되게 하시옵소서. 언제나 간섭해 주시고, 도움의 손을 펴시는 하나님을 찬양합니다. 여호와의 산에서 준비하시는 은혜를 저희들이 보게 하시옵소서.

이 모든 말씀을 예수님의 이름으로 기도드립니다. 아멘.

찬양예배, 주중예배 대표기도문 30

진보의 기회

"형제들아 내가 당한 일이 도리어 복음 전파에 진전이 된 줄을 너희가 알기를 원하노라"(빌 1:12).

환난을 면케 하시는 여호와여, 하늘만큼이나 넓으신 인자하심으로 평안케 하셨음에 감사드리며 찬송합니다. 하지만 저희를 돌이켜보면 지난 삶에서 죄를 짓고, 길 잃은 양처럼 주의 길에서 벗어나 우리 마음으로 헛된 뜻과 욕망을 따랐으니 용서해 주옵소서. 주님의 기록하신 율법을 어겼고 마땅히 해야 할 일들을 하지 않은 죄를 용서해 주시옵소서.

오늘도 사랑하는 주님의 자녀들을 은혜의 자리로 불러 주셔서 영과 진리로 예배하게 하셨으니 영광을 드립니다. 베풀어 주시는 풍성한 은혜의 기쁨을 누리는 시간이 되게 하옵시고 설교하시는 목사님께 능력을 더하셔서 생명의 말씀으로 저희들이 배부르게 하여 주옵소서. 오늘 선포되는 말씀을 ○○교회의 성도들이 아멘으로 받아 제사를 드림보다 더 나은 순종함에 이르게 하시옵소서.

저희들 가운데는 원하지 않게 황무지를 만난 경우가 있으니 도와주시옵소서. 저희들이 막막하고, 답답하지만 이 경우를 진보의 기회로 만들도록 하시옵소서. 어려운 일을 당할 때, 담력을 얻게 하심을 믿습니다. 때로는 고통의 황무지, 실패의 황무지, 일터의 황무지가 진보의 기회로 바꾸어지게 하심을 믿고 간구합니다.

이 모든 말씀을 예수님의 이름으로 기도드립니다. 아멘.

찬양예배, 주중예배 대표기도문 31

마른 뼈에 생기를

"이에 내가 그 명령대로 대언하였더니 생기가 그들에게 들어가매 그들이 곧 살아나서 일어나 서는데 극히 큰 군대더라"(겔 37:10)

찬양받기 합당하신 하나님, 여호와의 품 안에 거하며, 그 보호하심을 찬송합니다. 이 밤에 저희를 돌아보니 여호와 앞에 회개 뿐입니다. 저희들의 삶이 개인적으로는 거룩함에 이르고, 교회에 유익을 끼치며 하나님께는 영광이 되어야 하는데, 그렇지 못함을 용서해 주시옵소서.

이 시간에, 하늘의 문이 열려 구원의 은혜와 평강의 복이 넘치게 하신 하나님의 이름에 합당한 영광을 드리는 예배가 되길 소망합니다. 주님의 영으로 충만하여 축제의 기쁨으로 예배하게 하시옵소서. 말씀이 선포되는 동안에 저희들의 심령은 주님을 향해서 더욱 두려워지게 하옵소서. 목사님께서 힘을 다하여 외치시는 말씀을 삼가 듣고 지키며 살 것을 다짐하는 은혜를 입게 하시옵소서.

소망이 되시는 여호와여, 사람의 힘과 능력으로는 되지 않지만, 오직 하나님의 신으로는 될 것을 믿고 소망을 갖게 하시옵소서. 성령님께서 감동해 주신 꿈을 잃지 않는 저희들이 되게 하시옵소서.
주님의 은혜는 저희들에게 꼭 이루어짐으로 나타날 줄 믿습니다. 여호와의 이름으로 반드시 승리하게 하옵소서.
이 모든 말씀을 예수님의 이름으로 기도드립니다. 아멘.

찬양예배, 주중예배 대표기도문 32

주의 종으로서의 역할

"너희는 자유가 있으나 그 자유로 악을 가리는 데 쓰지 말고 오직 하나님의 종과 같이 하라"(벧전 2:16).

우리의 편이 되시는 여호와여, 주를 찬양하며 지내오도록 하셨음에 감사드립니다. 주님의 은혜는 저희들에게 찬양으로 지내도록 하셨으나, 돌아보면 그렇지 못했음을 고백합니다. 찬양하는 중에, 성도의 교제에 힘쓰고 이웃을 섬겨야 하는 삶을 살지 못하고 이웃에 대하여 화를 내는 일들이 많았던 죄를 용서해 주시옵소서.

신령과 진정으로 예배하는 지금, 이 자리에 모인 무리들에게 경건함과 거룩함으로 예배하게 하시옵소서. 또한 생각과 마음을 모아 여호와를 경외함으로 예배하는 저희들이 되게 하시옵소서. 이 시간에 강단에서 하나님의 말씀이 선포될 때, 사모하는 마음을 갖게 하시옵시고 여호와께서 주시는 말씀을 평생에 지켜 따를 말씀으로 받기 원합니다.

전능하신 하나님, 기도하는 중에 하나님을 두려워하게 하시옵시고 성령님의 감동 속에서 하나님을 두려워하는 삶을 다짐하도록 인도해 주시옵소서. 하나님을 두려워하여 성경 말씀에 순종하고, 여호와의 뜻을 이루어 드리게 하시옵소서. 저희에게 왕 앞에서의 신하된 자세를 주시옵소서. 또한 우리의 입술에 주를 향한 찬양이 끊이지 않게 하소서. 이 모든 말씀을 예수님의 이름으로 기도드립니다. 아멘.

찬양예배, 주중예배 대표기도문 33

주의 얼굴을 구할 때

"주는 하늘에서 그들의 기도와 간구를 들으시고 그들의 일을 돌아보옵소서"(왕상 8:45).

자비로우신 주여, 주의 자비가 우리를 덮음으로 기뻐뛰며 주를 찬양합니다. 우리의 찬양을 받아주소서. 그러나 저희들은 죄를 짓고, 길 잃은 양처럼 주의 길에서 벗어나 마음으로 헛된 뜻과 욕망을 따랐습니다. 용서해 주시옵소서. 주님의 거룩하신 율법을 어겼고 마땅히 해야할 일들을 하지 않아 영혼의 건강마저 잃은 것을 회개합니다.

이 복된 자리에서, 저희들에게 새 생명을 주신 여호와를 예배할 때, 신령과 진정으로 예배하게 하시옵소서. 구원의 하나님께 예배드림이 마음을 다하고, 뜻을 다하는 생명의 축제가 되게 하시옵소서. 저희 ○○교회의 모든 성도들이 하나님의 말씀에 정성된 마음을 갖기를 소망합니다. 선포되는 말씀에 정성을 다하여 듣게 하시고, 결단하고 순종함에도 정성을 다하게 하시옵소서.

이 밤에 하나님의 성전에서 손을 들어 기도하게 하시옵소서. 여호와의 얼굴 앞에서 간구하는 지체들의 기도에 응답의 은혜를 주옵소서. 성전에서 부르짖는 기도를 하나님이 들어주심을 믿습니다. 무릎을 꿇고 하늘을 향해 손을 펴서 간절한 기도와 간구로 나아가는 저희에게 예비하신 응답을 주시옵소서.

이 모든 말씀을 예수님의 이름으로 기도드립니다. 아멘.

찬양예배, 주중예배 대표기도문 34

서로 사랑하며

"그러므로 우리는 기회 있는 대로 모든 이에게 착한 일을 하되 더욱 믿음의 가정들에게 할지니라"(갈 6:10).

만유를 다스리시는 하나님, 홀로 찬송을 받으실 위엄 앞에서 소리를 높여 찬양을 드리게 하옵소서. 주의 긍휼하심이 넘치는 사랑으로 감싸주시며 우리의 죄를 사하여 주시는 은혜에 의지하여 이렇게 고백하오니 주여, 우리를 받아주옵소서. 갈보리 십자가의 사랑, 그 뜨거운 피로 저희의 추한 심령을 어루만져 주시옵소서.

신령과 진정으로 예배하는 지금, 이 자리에 모인 무리들에게 경건함과 거룩함으로 예배하게 하시옵소서. 생각과 마음을 모아 여호와를 경외함으로 예배하는 저희들이 되게 하시옵소서. 목사님의 입술을 통하여 들려주시는 말씀에 청종하게 하시옵소서. 생명의 말씀을 받아 마음 판에 새기도록 하옵소서. 저희들에게 ○○교회 안에서 한 몸을 이루게 하셨음에 감사합니다. 저희들 각자가 지체로서 한 몸을 이루기 위하여 서로 짐을 지는 은혜를 주옵소서. 저희들이 삶의 현장에서 짐을 지되, 혼자 감당하기를 원치 않으심을 믿으니 참으로 감사합니다.

주님의 십자가에서 나타난 은혜로 저희들이 한 몸이 되게 하심을 늘 기억하게 하시고 서로 섬김으로 이 은혜를 지키게 하시옵소서.
이 모든 말씀을 예수님의 이름으로 기도드립니다. 아멘.

찬양예배, 주중예배 대표기도문 35

무엇이든지 믿고 구한 것

"너희가 기도할 때에 무엇이든지 믿고 구하는 것은 다 받으리라 하시니라"(마 21:22).

경배를 받으실 여호와여, 저희들의 생각과 말 그리고 묵상을 열납하여 주옵소서. 마음을 다하여 주를 찬양합니다. 예배를 드리기 전에 저희들의 과실을 받아 주옵소서. 죄에 대하여 민감하고, 하나님께 드릴만한 경건에 힘써야 하였으나 삶은 정반대였음을 고백합니다. 죄에 대하여 둔하게 지낸 것을 용서해 주시옵소서. 생명과 빛으로 오신 주님을 즐거워하면서 예배의 자리로 나아가기 원합니다. 신령과 진정으로 예배하게 하시고, 머리를 숙인 주의 백성들을 산 제물로 받으옵소서. 목사님의 입술을 통해서 대언되는 하나님의 말씀을 통해 진리의 말씀에 보배롭게 담겨있는 약속의 아름다움을 보게 하옵소서. 진리의 말씀이 생수가 되어 허전했던 심령을 시원하게 하는 은혜를 입게 하옵소서.

오늘 밤에, 말의 은혜를 보게 하시옵소서. 저희들의 말 속에 믿음이 있어서 기적을 보게 하시옵소서. 믿음이 있는 말은 산이라도 움직이지만 믿음이 없는 말은 아무 힘이 없음을 깨닫습니다. 저희들의 말이 허공을 치는 소리에 불과하지 않게 하시옵소서. 산을 바다에 던지는 말을 하게 하시옵소서. 하나님의 영광을 위해서 기적을 나타내는 말을 하게 하시옵시고 주를 향한 찬양이 끊이지 않게 하옵소서.
이 모든 말씀을 예수님의 이름으로 기도드립니다. 아멘.

찬양예배, 주중예배 대표기도문 36

하나님의 영광에 합당한 영광

"바로가 그의 신하들에게 이르되 이와 같이 하나님의 영에 감동된 사람을 우리가 어찌 찾을 수 있으리요 하고"(창 41:38).

우리의 기도에 귀를 기울이시는 주여, 이 밤에 주님을 맞이하면서 엎드려 경배하고 두 손들고 주님을 높입니다. 그러나 주님을 영화롭게 해드리며 살지 못했던 행실을 고백합니다. 아직도 옛 사람의 욕심을 버리지 못하여 죄를 지었던 저희들입니다. 자신을 남들과 비교하면서 그 욕심에 모든 것을 내어주었던 어리석은 행동들을 용서해 주시옵소서.

이 시간에, 하늘의 문이 열려 구원의 은혜와 평강의 복이 넘치게 하신 하나님의 이름에 합당한 영광을 드리는 예배가 되게 하시옵소서. 주님의 영으로 충만하여 축제의 기쁨으로 예배하게 하옵소서. 오늘도 저희들을 위하여 진리의 말씀을 주심에 감사드립니다. 선포되는 말씀을 듣는 순간에 마음을 다하고, 성품을 다하여 여호와를 순종하겠다는 마음을 갖게 하시옵소서.

저희 ○○교회가 복음을 전하는 사명을 다하기 원합니다. 예배당 밖에 나가기만 하면 불신자들을 만나게 되는데, 그때 그들에게 복음을 전하는 교회가 되게 하시옵소서. 불신자들이 구원에 이르기 위해 저희 교회를 찾기 원합니다. 저희들은 전도의 사명을 깨달으며 또한 주님을 향한 찬양의 소리가 끊이지 않는 교회되게 하소서.

이 모든 말씀을 예수님의 이름으로 기도드립니다. 아멘.

찬양예배, 주중예배 대표기도문 37

보혈의 피로 말미암아

"우리는 그리스도 안에서 그의 은혜의 풍성함을 따라 그의 피로 말미암아 속량 곧 죄 사함을 받았느니라"(엡 1:7)

우리의 도움과 방패의 하나님, 하나님께서 주님을 통하여 저희들을 구원해 주셨으니, 찬송으로 존귀와 영광을 선포합니다. 이 시간에 고백하오니 주님의 뜻대로 살지 못하고 주님의 품을 떠나려고 애썼던 교만을 용서해 주옵소서. 그리고 세상과 불의와 타협하며 자신의 죄를 합리화하는 나약한 신앙을 가지고 살아온 것도 용서해 주시옵소서.

하늘나라에서의 기쁨을 지금 맛보게 하시는 구원의 하나님을 향하여 즐거이 외치는 예배를 드리게 하옵소서. 목사님께서 준비하신 말씀을 전하실 때, 새롭게 깨닫는 시간이 되기를 소망합니다. 간절히 사모하는 심령으로 받아 ○○교회의 성도들이 평생에 지키고 따를 생명의 약속이 되게 하시옵소서.

영원히 갚을 수 없는 구속의 은혜를 기뻐합니다. 주님의 은혜와 하나님의 사랑하심으로 이제 우리의 신분이 바뀌어졌고 우리의 삶이 바뀌어졌으니, 기도로 살아가게 하시옵소서. 그 은혜의 풍성함을 따라 이 밤에 기도하게 하시옵소서. 삶의 상황에 관계없이 구속의 은총을 즐거워하며 기도로 살아가게 하시옵소서.
이 모든 말씀을 예수님의 이름으로 기도드립니다. 아멘.

찬양예배, 주중예배 대표기도문 38

도우시는 여호와의 손

"여인들이 뛰놀며 노래하여 이르되 사울이 죽인 자는 천천이요 다윗은 만만이로 다 한지라"(삼상 18:7).

우리의 아버지가 되어주시는 주님, 영원무궁하기까지 하나님을 찬양합니다. 우리의 모든 것 다하여 찬양하오니 기뻐 받으소서. 자기의 죄를 숨기는 자는 형통하지 못하나 죄를 자복하고 버리는 자는 불쌍히 여김을 받으리라고 하신 말씀을 기억합니다. 우리의 죄를 용서해 주시고, 죄에 대해 죽고, 의에 대해서 사는 다짐의 은혜를 받게 하시옵소서.

오직 마음을 다 드리는 지금, 감사로 제사하는 저희들이 되어 여호와의 영광을 인정하게 하옵소서. 목사님을 단에 세워주셨으니, 은혜와 진리의 말씀이 선포되기를 원합니다. 강단에서부터 흘러나오는 은혜와 진리의 풍성함을 누리면서 주님을 위하여 살고자 하는 마음이 더욱 뜨거워지게 하옵소서.

자비로우신 하나님, 인생을 낮출 때도 있고 높일 때도 있으신 하나님이십니다. 부하게도 하시지만 가난하게도 하시는 하나님이심을 믿습니다. 저희들 가운데는 지금, 골짜기를 지나는 지체들이 있을 줄 압니다. 그들이 여호와의 함께하심과 보호하심을 믿고 이 어려운 시간을 이기도록 이끌어 주시옵시고 여호와의 손을 의지하게 하시옵소서.
이 모든 말씀을 예수님의 이름으로 기도드립니다. 아멘.

찬양예배, 주중예배 대표기도문 39

마음다해 하나님을 의지하는 삶

"여호와께서 그에게 이르시되 내가 반드시 너와 함께 하리니 네가 미디안 사람 치기를 한 사람을 치듯 하리라 하시니라"(삿 6:16).

영원한 찬송의 하나님, 여호와를 자랑하는 자녀들이 입술을 열어 찬송합니다. 저희들의 삶이 주님은 흥하시고, 저희는 쇠하는 삶이 아니었음을 깨닫게 됩니다. 주님의 이름이 영광을 받으시도록 하는 삶이 아니라, 저희 자신의 유익만을 추구하며 살았으니 용서해 주옵소서.

거룩한 시간에 천국의 자녀 됨을 풍성히 누리면서 하나님과의 인격적인 만남을 경험하는 복을 누리길 원합니다. 세상을 위하여 일하신 하나님의 손길을 찬양하는 복된 예배로 인도해 주옵소서. 목사님께서 하나님의 말씀을 대언하실 때, 그 말씀이 손을 금하여 어떤 모양으로도 악을 금하는 힘이 되게 하시옵소서.

저희들이 가장 무력하고 두려울 때, 하나님의 도우심을 믿게 하시옵소서. 뜻대로 되지 않을 때, 하나님의 불쌍히 여기심을 기대하게 하시옵소서. 또한 우리가 길이 없을 때, 그 길을 나타내 주시는 하나님을 의지하게 하시옵소서. 저희들이 이 밤에, 부르짖을 때 하나님께서 찾아와 주심을 믿습니다. 여호와가 함께하심을 믿고, 간구하게 하시옵소서. 또한 우리가 어떠한 때에든지 주를 향한 찬양이 멈추지 않게 하옵소서. 이 모든 말씀을 예수님의 이름으로 기도드립니다. 아멘.

찬양예배, 주중예배 대표기도문 40

선행을 즐겨하는 사람

"오직 나그네를 대접하며 선행을 좋아하며 신중하며 의로우며 거룩하며 절제하며"(딛 1:8)

천지를 지으신 여호와여, 크신 은총을 베푸시는 자비하심에 찬양을 드립니다. 우리의 삶 가운데 시험을 참지 못한 죄를 고백합니다. 주님께서는 저희를 단련시키시려고 때때로 시험을 받게 하셨지만 그때마다 어려움에 대하여 불평하고, 원망하며 낙심하기까지 했던 연약한 모습을 용서하여 주옵소서. 잘 참고 견디지 못했음을 용서해 주시옵소서.

오늘도 사랑하는 주님의 자녀들을 은혜의 자리로 불러 주셔서 영과 진리로 예배하게 하셨으니 영광을 드립니다. 베풀어 주시는 은혜의 기쁨을 누리는 시간이 되게 하옵소서. 오늘 주시는 말씀이 영혼을 치료하는 약이 되기를 소망합니다. 하나님을 사랑하는 저희들이 굳게 지키는 언약의 말씀이 되게 하시옵소서.

전능하신 하나님, 이 밤에 저희의 문제뿐만이 아니라 하나님이 세워주신 담임목사님과 교역자들을 위해서 기도하게 하옵소서. 바울이 곤경에 처할 때 좋은 동반자가 되었던 디도와 같이 목회자들과 함께하는 지체들이 되게 하시옵시고 담임 목사님과 같은 믿음을 따라 그의 편에 서서 성도의 삶을 살도록 이끌어 주시옵소서.
이 모든 말씀을 예수님의 이름으로 기도드립니다. 아멘.

찬양예배, 주중예배 대표기도문 41

깨어지는 그릇

"그리하여 온 유대와 갈릴리와 사마리아 교회가 평안하여 든든히 서 가고 주를 경외함과 성령의 위로로 진행하여 수가 더 많아지니라"(행 9:31)

하늘에 계신 하나님, 이 밤에 마음을 다하여 찬양할 때, 영광을 받으시오며 우리의 입술에 주님을 향한 찬양의 소리가 끊이지 않게 하소서. 그러나 아버지의 말씀에 순종하지 않고, 그 명령을 거역하며 살아온 저희의 허물과 죄를 기억합니다. 또한 탐욕과 이기심으로 우리의 마음의 중심이 더럽혀지고 흐려졌음을 고백합니다. 가슴을 치고 통곡하며 애통하는 소리를 들어주시기 원하옵니다.
이 복된 자리에서 저희들에게 새 생명을 주신 여호와를 예배할 때, 신령과 진정으로 예배하게 하옵소서. 구원의 하나님께 예배드림이 마음을 다하고, 뜻을 다하는 생명의 축제가 되게 하옵소서. 저희들을 또 다시 생명의 삶으로 이끄시기 위해 말씀을 주시니 감사드립니다. 이삭을 줍듯 겸손한 심정으로 말씀에 귀 기울이게 하시옵소서.

이 시간 간구할 때, 저희들에게 깨어짐의 은혜를 주시옵소서. 영적으로 깨어져가는 거룩함을 맛보게 하시옵시며 교만함이 깨어지고, 이기심이 깨어지고, 옛 사람의 행실이 깨어지기 원합니다. 저희들 자신이 깨어져 나의 지식 중심에서 은혜 중심의 신앙으로 바꿔어지도록 이끌어 주시옵소서.
이 모든 말씀을 예수님의 이름으로 기도드립니다. 아멘.

찬양예배, 주중예배 대표기도문 42

주를 위하여 살고
주를 위하여 죽는 것

"우리가 살아도 주를 위하여 살고 죽어도 주를 위하여 죽나니 그러므로 사나 죽으나 우리가 주의 것이로다"(롬 14:8)

평안으로 이끄시는 하나님, 귀한 은혜를 주신 여호와께 감사드리며 마음을 다해 찬양합니다. 하지만 그동안에도 저희들이 하나님의 영광만을 위해 살지 못했던 죄를 고백합니다. 세상을 살아가며 겪게되는 손해에 인내하지 못하고 죄를 지었습니다. 순종하고 가면 결국에는 승리하는 줄 알면서도 인내하지 못했음을 용서해 주시옵소서.

신령과 진정으로 예배하는 지금, 이 자리에 모인 무리들에게 경건함과 거룩함으로 예배하게 하옵소서. 생각과 마음을 모아서 여호와를 경외함으로 예배하는 저희들이 되게 하시옵소서. 목사님께서 예비하신 복음을 선포하도록 붙들어 주옵시고 목사님께서 온 몸을 바쳐 말씀을 준비하셨던 그대로, 저희들도 온 몸으로 받아 여호와의 규례를 좇으며 그 규례를 따라 지키는 은혜를 누리게 하시옵소서. 거룩한 사명을 주신 여호와여, 우리가 귀한 사명에 감격하며 그 사명에 따라 살기 원합니다. 착하고 충성된 종이라는 칭찬을 소망하며 열심을 내게 해 주시고, 약속해주신 면류관을 바라보게 하시옵소서. 저희들의 생명보다 사명이 귀함을 깨달아 사명을 붙잡고 전심전력하도록 이끌어 주실 줄 믿습니다. 이 모든 말씀을 예수님의 이름으로 기도드립니다. 아멘.

찬양예배, 주중예배 대표기도문 43

온전하여지도록 애쓰며

"우리가 다 실수가 많으니 만일 말에 실수가 없는 자라면 곧 온전한 사람이라 능히 온 몸도 굴레 씌우리라"(약 3:2)

환난을 면케 하시는 여호와여, 우리가 미처 깨닫지 못할 때에도 우리와 동행하여 주시니 감사합니다. 감사의 마음을 담아 전심으로 주를 찬양하기 원합니다. 우리의 찬양을 받아주소서.
이 밤에, 저희들의 죄를 먼저 회개합니다. 주님의 말씀에 순종하기에 게을렀던 행실을 용서해 주시옵소서. 하나님의 영광을 구하기에도 부족했던 허물을 용서해 주시옵소서. 지금, 생명과 빛으로 오신 주님을 즐거워하면서 예배의 자리로 나아가기 원합니다. 신령과 진정으로 예배하게 하시고, 머리를 숙인 주의 백성들을 산 제물로 받으옵소서. 목사님께서 전하시는 말씀에 감격하는 은혜를 누리게 하옵시고 말씀에서 진리를 구하게 하시며, 따를 생명의 길로 받게 하시옵소서.

저희를 인도하시는 하나님, 거짓을 버리고 각각 그 이웃으로 더불어 참된 것을 말하는 저희들이 되게 하시옵소서. 저희들이 주님의 ○○교회 안에서 서로 지체가 되었으니 진리 안에서 살게 하시옵소서. 서로를 향하여 축복하는 입술의 은혜를 주시옵소서. 혹시라도 거짓이 아니지만 남의 마음에 상처를 주는 말을 하지 않게 하시옵시며 덕을 끼치는 말을 하고 주님만을 찬양하는 입술이 되게 하옵소서.
이 모든 말씀을 예수님의 이름으로 기도드립니다. 아멘.

찬양예배, 주중예배 대표기도문 44

내게 있는 향유옥합

"예수께서 이르시되 그를 가만 두어 나의 장례할 날을 위하여 그것을 간직하게 하라"(요 12:3)

전능하신 하나님, 능력과 권세로 지으신 것들을 다스리심에 영광을 드립니다. 또한 주를 경외함으로 우리의 마음 다해 주를 찬양합니다.
믿음으로 산다고 하면서도 실제는 믿음이 없이 행했던 일들이 너무나 많습니다. 하나님께서 이루어 가신다는 믿음의 기다림보다 저희들의 생각과 판단으로 살아온 지난 일들을 돌아봅니다. 용서해 주시옵소서.

오직 마음을 다 드리는 지금, 감사로 제사하는 저희들이 되어 여호와의 영광을 인정하게 하옵소서. 하나님의 이름을 높이고, 세세무궁토록 영광을 바치는 시간이 되게 하시옵소서. 목사님께 성령님의 충만하심이 있어서 말씀을 증거하실 때 사단의 권세가 일절 틈 못 타게 하옵시고 저희는 그대로 말씀을 받아 지키기를 소망합니다.
이 밤에, 저희에게는 주님께 향유를 부어드린 마리아의 은혜를 보게 하시기를 원합니다. 예수님을 생각하고, 향유를 드리기 위해 수많은 날을 기다렸을 마리아의 마음을 주시옵소서.
저희들에게 주님을 사랑하는 것을 가슴으로만 갖고 있지 않고, 행동을 통해서 나타내 보이게 하시옵소서. 주님을 사랑하기 위해서 자신을 낮추는 겸손함도 주시옵소서.
이 모든 말씀을 예수님의 이름으로 기도드립니다. 아멘.

찬양예배, 주중예배 대표기도문 45

우리를 향한 그 큰 사랑

"긍휼이 풍성하신 하나님이 우리를 사랑하신 그 큰 사랑을 인하여"(엡 2:4).

우리의 영원한 소망되신 하나님, 오늘도 나그네의 길을 살아갈 수 밖에 없는 우리를 평안케 하신 여호와를 찬송합니다. 여러 가지 죄와 허물이 많이 있음을 깨닫습니다. 저희의 모든 죄를 자복하고 회개하오니 주님의 깨끗케 하시는 보혈로 씻음 받게 하시옵소서. 또한 하나님 앞에서 착한 일을 하여 영광을 드리게 하시옵소서.

하늘나라에서의 기쁨을 지금 맛보게 하시는 구원의 하나님을 향하여 즐거이 외치는 예배를 드리게 하시옵소서. 그 뿐만 아니라 성령님의 충만하심이 있어 춤을 추며 기뻐하는 예배를 통하여 영광을 받으옵소서. 목사님께서 목숨을 바쳐 말씀을 전하실 때, 그 진리를 따를 것을 다짐하게 하옵소서.

이 밤에, 하나님께서 저희들 가운데 거하심을 믿게 하시니 참으로 감사드립니다. ○○교회의 성도들을 한 자리에 모이도록 하신 이 시간에 성령님께서 함께하심을 확신합니다. 하나님께서 함께 하시니 구할 바를 다 아뢰는 복된 은혜를 주시옵소서.
허물이 많이 있음에도 불구하고, 하나님께서 함께 하시니 감사로 기도하게 하시고 그 사랑에 감격하게 하시옵소서.
이 모든 말씀을 예수님의 이름으로 기도드립니다. 아멘.

찬양예배, 주중예배 대표기도문 46

감사의 제사드리며

"이것이 곧 적게 심는 자는 적게 거두고 많이 심는 자는 많이 거둔다 하는 말이로다"(고후 9:6).

우리의 힘이 되시는 여호와여, 풍성한 거둠의 즐거움을 주신 은혜에 감사드립니다. 온맘다해 주를 찬양하오니 우리의 찬양을 받아주옵소서. 저희들이 지난 시간 동안에도 열심을 다하여 저희에게 맡겨진 사명에 충성하지 못했음을 용서해 주옵소서. 이로써 교회의 사명을 다하지 못하였습니다. 담대히 주님의 일을 감당하게 하시옵소서.

이 시간에, 하늘의 문이 열려 구원의 은혜와 평강의 복이 넘치게 하신 하나님의 이름에 합당한 영광을 드리는 예배가 되게 하시옵소서. 강단에 목사님을 세우셔서 천국의 음성을 듣게 하실 줄 믿습니다. 우리가 사모함으로 나아가게 하옵소서.

감사하도록 절기를 주신 하나님, 농부들의 풍성한 수확 못지않게 사랑을 입은 지체들에게 은혜를 베풀어 주셨으니 감사의 제단을 쌓게 하시옵소서. 금년 ○○교회와 성도들에게 베풀어주신 은총을 일일이 헤아리기 어렵습니다. 참으로 감사하면서 절기를 준비하게 하시옵소서. 심은 대로 거두게 해주신다는 그 약속의 말씀에 순종해서 살아왔을 때 심은 만큼 보다도 넘치게 하셨으니 이에 감사를 올려드리게 하옵소서.
이 모든 말씀을 예수님의 이름으로 기도드립니다. 아멘.

찬양예배, 주중예배 대표기도문 47

여호와의 행하심을 찬송하라

"여호와를 찬송할 것은 극히 아름다운 일을 하셨음이니 이를 온 땅에 알게 할지어다"(사 12:5)

감사의 예배를 받으실 하나님, 금년에도 부요의 복을 누리게 하셔서 감사드리오며 우리의 찬양을 받으옵소서. 성령님의 감동하심에 순종하지 못하고, 고의적으로 자신의 생각과 판단을 좇으며 지낸 죄를 회개합니다. 하나님의 음성보다 자신의 목소리에 귀를 더 기울이려 한 죄를 용서해 주시옵소서.

거룩한 시간에 천국의 자녀 됨을 풍성히 누리면서 하나님과의 인격적인 만남을 경험하는 복을 누리게 하시옵소서. 세상을 위하여 일을 하신 하나님의 손길을 찬양하는 복된 예배로 인도해 주옵시고 목사님께서 말씀을 선포하실 때, 미쁘게 듣는 귀를 갖게 하옵소서. 또한 그 말씀을 귀하게 여겨 마음으로 받아 그대로 지키겠다는 각오를 주시옵소서.

십자가를 통해서 하나님께로 나아가는 길을 열어주시고, 때를 따라 도우심에 감사드립니다. 하나님은 은혜가 이 시간에도 나타나 저희들에게 구원의 은혜를 보게 하시옵소서. 저희들의 생업에 복을 내려주셔서 무엇을 먹을까, 무엇을 입을까를 염려하지 않게 하시옵시고 자녀들을 주님의 지혜로 바르게 키우도록 하옵소서.
이 모든 말씀을 예수님의 이름으로 기도드립니다. 아멘.

찬양예배, 주중예배 대표기도문 48

기도에 힘쓰고 애쓰며

"끝으로 형제들아 너희는 우리를 위하여 기도하기를 주의 말씀이 너희 가운데서와 같이 퍼져 나가 영광스럽게 되고"(살후 3:11).

만유를 다스리시는 하나님, 저희들의 생명을 지켜주신 은총에 감사드립니다. 이 시간 이곳에 모인 우리가 한 목소리로 주님을 찬양합니다. 찬양받기에 합당하신 주님, 받아주옵소서. 이 밤에 기도에 게을렀던 지난 시간을 고백합니다. 부족할 때마다 하나님을 찾아야 하면서도 기도보다는 인간적인 수단과 방법에 의지했던 삶을 용서해 주시옵소서. 오늘도 사랑하는 주님의 자녀들을 은혜의 자리로 불러 주셔서 영과 진리로 예배하게 하셨으니 영광을 드립니다. 베풀어 주시는 신령한 식탁으로 인해 천국 잔치의 기쁨을 누리는 시간이 되게 하시옵소서. 진리의 말씀을 선포하시는 목사님께는 성령님의 충만하심이 있기를 원합니다. 말씀의 영으로 충만하게 하셔서 풍성함을 누리게 하시옵소서.

이 밤에, 여기에 모인 성도들에게 하나님을 가까이 하는 마음을 주시기 원합니다. 주님의 일하심에 대하여, 저희들을 향하신 사랑에 대하여 깊이 깨닫는 마음을 주시옵소서. 아무리 어려운 일이 있어도 하나님만 의지하는 믿음을 갖기 원합니다. 어려움을 당할 때에 믿음이 떠난 생활을 하지 않도록 이끌어 주시옵소서. 평생 하나님을 의지한다는 믿음으로 살아가도록 도와주시옵소서. 저희들의 일생이 승리할 줄로 믿습니다. 이 모든 말씀을 예수님의 이름으로 기도드립니다. 아멘.

찬양예배, 주중예배 대표기도문 49

영원히 목마르지 않는 샘물

"내가 주는 물을 마시는 자는 영원히 목마르지 아니하리니 내가 주는 물은 그 속에서 영생하도록 솟아나는 샘물이 되리라"(요 4:14).

만유에 높임을 받으실 주여, 여호와의 이름을 목소리 높여 찬양합니다. 우리의 찬양을 받아주소서. 이 시간에 여러 가지 죄와 허물이 많이 있음을 깨닫습니다. 저희들의 모든 죄를 자복하고 회개하오니 주님의 깨끗케 하시는 보혈로 씻음 받게 하시옵소서. 육신이 연약하고 믿음이 부족하다는 핑계로 주님의 말씀대로 살지 못하였음을 용서해 주옵소서.

생명과 빛으로 오신 주님을 즐거워하면서 예배의 자리로 나아가기 원합니다. 신령과 진정으로 예배하게 하시고, 머리를 숙인 주의 백성들을 산 제물로 받으옵소서. 성령 하나님의 역사하심이 강단에서 전해지는 말씀에 나타나기를 소원합니다. 그 말씀, 진리의 말씀에 새로워지고 힘을 얻게 하시옵소서.

주님, 우리가 구원은 유일하신 하나님께만 있음을 믿게 하시옵소서. 하나님 외에 다른 신, 다른 곳에는 절대로 구원이 없음을 확신하게 하시옵시고 예수님을 의지하며 사는 사람들만이 구원의 참된 복을 얻을 수 있음에 감사하게 하시옵소서. 또한 우리가 사는 동안 감사의 제목을 잊지 않게 하시고 감사의 찬양이 끊이지 않게 하옵소서.
이 모든 말씀을 예수님의 이름으로 기도드립니다. 아멘.

찬양예배, 주중예배 대표기도문 50

영원한 삶

"예수께서 이르시되 내가 곧 길이요 진리요 생명이니 나로 말미암지 않고는 아버지께로 올 자가 없느니라"(요 14:6).

우리의 도움이신 하나님, 감사와 찬송으로 영광을 드러내게 하옵시고 전심으로 찬송을 드릴 때 영광 받으옵소서. 그러나 지난 한 주간 동안은 결코 아름답지 못하였음을 용서해 주옵소서. 주님의 보내심으로 빛이요, 소금이 되어야 했지만 그렇게 하지 못한 죄를 깨끗이 씻어 주시고, 새롭게 하옵소서.
오직 마음을 다 드리는 지금, 감사로 제사하는 저희들이 되어 여호와의 영광을 인정하게 하시옵소서. 하나님의 이름을 높이고, 세세무궁토록 영광을 바치는 시간이 되게 하옵소서. 오늘 목사님의 말씀을 통해서 저희 ○○교회의 성도들이 들어야만 하는 생명의 말씀이 선포되기를 간절히 원합니다.

여호와 우리 주여, 지금은 잠깐 고난을 당하고 서러운 시간을 보내기도 하지만, 영광스러운 내일이 보장되어 있음에 감사하게 하시옵소서. 천국이 우리에게 보장되어 있으니, 이 땅에서 잠시 당하는 어려움을 이기게 하시옵소서. 저희가 그곳에 가서 상급을 받고 면류관을 받으며 영원한 복을 누리는 소망으로 충만하게 하시옵소서. 그 소망 가운데, 주님과 함께 풍성한 삶을 살기 원합니다.
이 모든 말씀을 예수님의 이름으로 기도드립니다. 아멘.

찬양예배, 주중예배 대표기도문 51

왕으로 나신 이

"박사들이 왕의 말을 듣고 갈새 동방에서 보던 그 별이 문득 앞서 인도하여 가다가 아기 있는 곳 위에 머물러 서 있는지라"(마 2:9).

우리의 영원한 반석되시는 여호와여, 하늘에 계신 하나님의 이름을 높여드립니다. 우리의 마음이 주님께로 향하였으며 주를 찬양하오니 찬양의 소리를 기뻐 받아 주옵소서. 이 밤에, 하나님의 뜻을 거스르며 지냈던 죄를 고백합니다. 성도로 온전하게 세워지기 위해서 말씀을 가까이 해야 하는데 부족하였음을 용서해 주시옵소서. 단순하게 말씀을 믿고, 따르지 못했음을 용서해 주시옵소서.

이 복된 자리에서, 저희들에게 새 생명을 주신 여호와를 예배할 때, 신령과 진정으로 예배하게 하옵소서. 구원의 하나님께 예배드림이 마음을 다하고, 뜻을 다하는 생명의 축제가 되게 하시옵소서.

사랑이 많으신 하나님, 하나님의 아들이 죄인의 몸을 입고, 낮고 천한 자리에 오셨음을 묵상하게 하시옵소서. 인류를 죄악과 저주로부터 구원하시려고 하나님과 동등됨을 스스로 버리신 예수님의 사랑에 감격하게 하시옵소서. 저희들은 세상으로 보내어지기를 원합니다. 하나님의 아들이 오셔서 구원을 이루신 이 생명을 아직 죄 아래 있는 이들에게 증거하게 하시옵소서. 구원의 은혜에 함께 감격하며 주를 찬양하게 하옵소서.

이 모든 말씀을 예수님의 이름으로 기도드립니다. 아멘.

찬양예배, 주중예배 대표기도문 52

여호와께로 나아가라

"여호와의 말씀에 너희는 이제라도 금식하고 울며 애통하고 마음을 다하여 내게로 돌아오라 하셨나니"(욜 2:12).

영원한 찬송의 하나님, 항상 우리의 등 뒤에서 도우신 여호와를 찬송합니다. 우리의 입술에 주님을 향한 찬송이 멈추지 않게 하옵소서. 하지만 이 시간, 저희의 모습을 살펴볼 때, 인내하지 못했음을 고백합니다. 인내를 통해서 온전함을 이루었어야 하는데, 조바심 때문에 그렇지 못했음을 용서해 주시옵소서.

이 시간에 하늘의 문이 열려 구원의 은혜와 평강의 복이 넘치게 하신 하나님의 이름에 합당한 영광을 드리는 예배가 되게 하시옵시고 주님의 영으로 충만하여 축제의 기쁨으로 예배하게 하시옵소서. 목사님께서 말씀을 전하실 때, 모두가 잠잠히 듣게 하시옵소서.
여기까지 인도해 주신 여호와여, 저희들은 말씀이 주는 은혜와 깨달음을 통해서 지나온 삶을 돌아보게 하시옵소서. 여호와 앞에서 죄가 되는 것들을 기억해 내어 회개하는 자들이 되게 해 주시옵소서.

우리를 새롭게 해주실 하나님의 은혜, 이전보다 더욱 넘치게 하실 하나님의 손길을 생각하기 전에 회개의 시간을 주옵소서. 저희들 각자와 저희 ○○교회가 감당해야 될 일들을 다하지 못한 죄를 용서해 주옵소서. 이 모든 말씀을 예수님의 이름으로 기도드립니다. 아멘.